Stefan Lamboury

Kleine Seele du sollst gehorchen

Novelle

Der Autor:

Stefan Lamboury wurde 1982 in Ahaus geboren. Nach einer Ausbildung zur Bürokraft begann er ein Fernstudium bei der Schule – des – Schreibens, welches Ende 2007 erfolgreich abschloss. Schon während seines Studiums veröffentlichte Stefan erste Kurzgeschichten in Zeitschriften und verschiedenen Ebookverlagen.

Zuletzt erschien sein Werk Rache beim Blutschattenverlag und Tolino Media.

Das Buch:

Anna verliert bei einem Autounfall beide Eltern und wird in einem Heim untergebracht. Schnell merkt Anna, dass die Kinder alle still und leise sind. Sie scheinen total eingeschüchtert zu sein. Es dauert nicht lange, bis sie selbst das grausame Regime der Nonnen kennenlernt und feststellt, dass sie wie Sklaven gehalten werden. Ohne Rücksicht auf ihre körperliche oder seelische Gesundheit werden sie von den Nonnen als Versuchskaninchen für die Pharmaindustrie missbraucht. Bei jedem noch so kleinen Vergehen drohen drastische Strafen. Eines Tages fasst Anna einen folgenschweren Entschluss.

Vorwort des Autors:

Liebe Leser,

die vorliegende Geschichte spielt in den 50er-Jahren und ist mehr oder weniger Fiktion. Auch wenn die Geschichte frei erfunden ist, so spiegelt die Geschichte doch eine ganze Menge Wahrheit wieder. Falls Sie zartbesaitet sind, sollten Sie dieses Buch besser nicht kaufen, denn es wird keine leichte Kost sein. Es zeigt die Grausamkeit, der Kinderheime in den 50er und 60er-Jahren in denen man glaubte Kinder durch einen autoritären Erziehungsstil zu besseren Menschen zu machen. Falls Sie also über das Leid dieser Zeit nichts wissen wollen und lieber wegsehen, dann hören Sie hier jetzt auf zu lesen und tauschen Sie das Werk um. Für alle anderen haben Sie den Mut, in ein Stück geschichtlicher Wahrheit einzutauchen? Der Ort ist fiktiv, die darin vorkommenden Personen sind fiktiv, aber die Geschichte ist nicht fiktiv. Bei meinen Recherchen zu diesem Projekt stieß ich auf eine unglaubliche Anzahl unmenschlicher Erziehungsmaßnahmen.

Schönen Gruß
St. L

Kapitel 1

Neuzugang

Der blaue VW Bulli fuhr auf den Hof. Durch das vergitterte Fenster auf der Laderampe konnte Anna die grauen Baracken sehen. Erst vor drei Stunden hatte Anna ihren Vater und ihre Mutter durch einen Unfall verloren, Verwandte hatte sie nicht. So war sie in die Obhut des Staates gekommen. Die Fahrt zum Heim war ihr wie eine Ewigkeit vorgekommen. Was würde sie hier erwarten? Ihre Eltern waren streng gewesen aber gerecht. Anna sah zwei Mädchen, welche unter Aufsicht einer Ordensschwester den Hof fegten. In ihrer rechten

Hand hielt die Nonne einen Stock, mit dem sie ihrer Forderung nach Gründlichkeit, falls nötig auch Nachdruck verleihen konnte. Mit einem Ruck kam der Wagen zum Stehen. Ein großer Mann vom Jugendamt öffnete die Hintertür des Bullis und sagte: „Aussteigen!"

Anna griff sich ihren Jutesack und stieg aus. Eine Ordensschwester nahm Anna in Empfang und sagte: „Guten Tag, mein Name ist Schwester Susanne. Willkommen im Haus der Hoffnung. Wie ist dein Name?"

„Anna Müller."

„Geburtsdatum?"

„24.03.56.“

„Laut dem Jugendamt hast du deine Eltern bei einem Autounfall verloren, stimmt das?“

Anna nickte.

„Folge mir, ich bring dich zur Oberschwester.“

Anna folgte Schwester Susanne durch den dunklen Flur. Kahle Wände, der Boden war mit grauen Fliesen ausgelegt. Die Schwester führte Anna in ein Büro. Eine junge Frau Anna schätzte sie auf knapp über 20 Jahre, saß an einem Schreibtisch und tippte etwas auf ein Blatt Papier. Eine Tasse dampfender Kaffee stand neben der Schreibmaschine. Das Knattern der Schreibmaschine und das Zurückfahren des Schlittens waren das einzige Geräusch in diesem Raum.

„Guten Tag ich bin Anna.", sagte Anna.

Die Dame sah von ihrer Arbeit auf und schenkte Anna einen vorwurfsvollen Blick. Anna hörte Stimmen aus dem Raum gegenüber. Eine braune Tür aus Eichenholz verschloss das Zimmer. Anna sah sich um. Die Wände waren weiß und kahl so wie der Flur, durch den sie gekommen war. An der Wand hinter der Frau mit der Schreibmaschine hing ein Bild von Jesus Christus und seinen Jüngern. Das musste das letzte Abendmahl sein, schätzte Anna, sie hatte davon im Religionsunterricht gehört. Das war der Abend gewesen, an dem Judas seinen Bruder Jesus an die Römer verraten hatte. Sie wusste nicht, wie lange sie gewartet hatte, aber Anna kam es wie eine Ewigkeit vor, bis sich die Tür öffnete und Schwester Susanne sagte: „Komm rein!"

Der Ton in ihrer Stimme erschreckte Anna, es war einer jener Töne, die keinen Widerspruch duldeten. Anna ging an Schwester Susanne vorüber und betrat den Raum.

Das Büro wirkte im Vergleich zum Rest des Hauses warm und angenehm. Der Boden war mit Teppich ausgelegt, ein schwarzer Schreibtisch stand in der hinteren Ecke des Raumes. Auf dem Schreibtisch lag eine Akte, ihre Akte.

Eine beleibte Person um die vierzig saß dahinter und schien fast den gesamten Platz hinter dem Schreibtisch auszufüllen. Von der Decke hing eine staubige Messinglampe herab. Hinter der Person stand ein Regal, auf dem sich Aktenordner und Klemmbrettmappen stapelten. Eine Akte lag auf dem Schreibtisch vor ihr.

„Wie ist dein Name?", fragte die Schwester.

„Anna Bäcker."

„Wann bist du geboren worden?"

„24.03.56"

„In der Akte vom Jungendamt steht, dass du

deine Eltern bei einem Autounfall verloren hast."

Anna nickte. Eine Träne lief ihre Wange hinab.

„Ich werde dir jetzt die Regeln erklären, höre gut zu, denn ich erkläre sie dir nur einmal hast du verstanden?", fragte die Nonne.

Anna nickte.

„Meine Name ist Schwester Ruth, ich bin die Oberschwester hier und leite das Kinderheim. Um 4:15 Uhr steht ihr auf, ihr habt eine Viertelstunde Zeit euch zu waschen, anzuziehen und eure Betten in Ordnung zu bringen. Ich dulde keine Verspätung hast du verstanden?"

„Ja Schwester Ruth.“

Um 4:30 Uhr geht ihr auf den Hof, ihr mistet den Schweinestall aus und fegt den Hof. Ihr werdet die Tiere füttern und ihnen frisches Wasser geben. Wir haben Hühner, Schweine und Kühe. Außerdem werdet ihr den Boden bohnern und den Tisch eindecken. Wenn ihr fertig seid, wird eine der Schwestern eure Arbeit kontrollieren. Falls ihr die Arbeit nicht ordnungsgemäß erledigt habt, müsst ihr noch einmal anfangen. Dafür habt ihr Zeit bis um 6:15 Uhr. Um halb sieben gibt es Frühstück. Das Frühstück ist um 7:00 Uhr beendet, danach wird der Tisch abgeräumt und das Geschirr gespült. Um 7:45 Uhr geht ihr auf das Feld

Unkraut jäten, Gemüse anbauen, den Hof fegen und den Rasen kürzen. Um 12 Uhr gibt es Mittagessen. Um 1:00 räumt ihr den Tisch ab und wascht das Geschirr. Anschließend 2:00 geht ihr zum Gottesdienst, danach also um drei werdet ihr in der Bibel lesen und den Rosenkranz beten bis um 4: 00 Uhr. Anschließend werden die Ställe ausgemistet und die Tiere versorgt. Um 5:00 Uhr waschen der schmutzigen Wäsche. Um 7: 00 Uhr Abendessen, anschließend Tisch abräumen, beten, abwaschen und ins Bett verstanden?"

„Ja Schwester Ruth."

„Ihr dürft dreimal täglich auf die Toilette, Morgens um sechs, mittags um zwei und Abends nach dem Abendessen. Mittags dürft ihr das letzte Mal ein Glas Wasser trinken, danach gilt absolutes Trinkverbot verstanden?"

„Ja Schwester Ruth."

„Es wäre besser für dich, wenn du dir diesen Tagesablauf gut einprägst. Am Sonntag werden wir morgens um neun in den Gottesdienst gehen, dann werden wir den Rosenkranz beten und aus der Bibel lesen. Anschließend geht jedes Kind von euch zur Beichte und wage es ja nicht der Beichte fernzubleiben. Noch etwas du darfst diese Mauer nur in Begleitung einer Ordensschwester verlassen? Solltest du diese Regeln brechen, wird dir der Rohrstock oder die Peitsche die Regeln beibringen verstanden?"

Anna zuckte beim Klang der Wörter Peitsche und Rohrstock zusammen. Eine Ohrfeige ließ sie aufschreien.

„Ob du mich verstanden hast? Antworte gefälligst du kleines ungezogenes Luder.“

„Ich habe Sie verstanden Schwester Ruth.“

„Jeden Montag morgen müsst ihr euch nach dem Gottesdienst beim Arzt vorstellen, wir wollen doch nicht dass ihr krank werdet.“

Schwester Ruth lachte.

„Jetzt leere den Jutesack, ich will sehen was ist

da drin?", sagte Schwester Ruth.

Anna zog eine große Plastikpuppe hervor, als sie das Spielzeug auf den Schreibtisch legte, gab die Puppe ein Geräusch von sich. Die Ordensschwester riss die Augen auf und sagte: „Du meine Güte was ist denn das?"

„Ich habe die Puppe letztes Jahr von meiner Mutter zu Weihnachten bekommen, das Kleidchen, welches die Puppe anhat, habe ich selbst genäht."

Schwester Ruth ergriff das Spielzeug, sah es ein paar Sekunden an und legte es anschließend auf den Boden. Sie trug Puppe auf den Zettel ein, der vor ihr lag und sagte: „Wenn du entlassen wirst, erhältst du sie wieder, so lange du jedoch hier bist, wird sie von uns verwahrt, verstanden?"

Anna schluckte, ihre Augen füllten sich mit Tränen, doch sie nickte. Die Puppe war in ihren Augen ein Erinnerungsstück, das einzige Erinnerungsstück von ihren Eltern. Das jetzt den Weg in einen Abstellraum oder Keller fand, wo es bis zu ihrer Entlassung einstaubte.

„Gut und jetzt folge Schwester Susanne, Sie wird dich zum Arzt bringen, wir wollen uns hier keine Keime einfangen."

„Gib mir deinen Jutesack.", sagte die Ordensschwester.

Anna überreichte ihr den Sack mit ihren wenigen Habseligkeiten.

Die Oberschwester leerte den Inhalt auf ihrem Schreibtisch aus. Ein Teddy, eine kleine Stoffpuppe und ein verblichenes Foto ihrer Eltern waren sein einziger Inhalt.

Ruth schlug Annas Akte auf und trug die Habseligkeiten ein.

„In diesem Heim, ist jeglicher persönlicher Besitz verboten. Wir werden deine Sachen in Verwahrung nehmen, wenn du hier entlassen wirst bekommst du sie wieder hast du verstanden?"

Anna blickte auf ihren Habseligkeiten, welche die Nonne wieder in den Sack stopfte. Sie schluckte. Sie schloss die Augen, sie spürte, wie Tränen in ihre Augen kriechen wollten, als die Oberschwester das Bild ihrer Eltern an sich nahm, doch es gelang ihr, in letzter Sekunde die Tränen zurückzudrängen.

Anna nickte.

Schwester Susanne führte Anna einen langen tristen Korridor entlang. Die Wände waren weiß und kahl. Die Türen waren aus dunkelbraunem Eichenholz, die Türrahmen waren weiß gestrichen. Neben den Türen stand ein Schild mit einer Nummer, darunter war der

Name der Ordensschwester vermerkt, der dieses Büro gehörte. Die Schwester bog rechts ab, es ging durch eine hölzerne Schwingtür in einen weiteren Gang, der ebenso trostlos aussah wie der Rest. Anna warf einen Blick durch das Fenster, ein hauseigener Friedhof schien auf der anderen Seite des Gebäudes zu liegen. Anna erschrak, was waren das für Gräber? Die Nonne führte Susanne durch das Treppenhaus einen Stock höher. Medizinischer Dienst stand in großen goldenen Lettern auf einem Schild über der Brandschutztür. Die Nonne stieß die schwere Eisentür auf und trat in den Gang, während Anna ihr folgte. Sie klopfte an.

„Ja bitte.", rief eine Stimme auf der anderen Seite.

Schwester Ruth stieß die Tür auf und sagte:"Der Neuzugang ist da."

„Der Neuzugang soll reinkommen und geradeaus durchgehen ins Behandlungszimmer der Doktor kommt sofort.", sagte eine Frauenstimme.

Ein Mädchen etwa in ihrem Alter huschte wortlos an Anna vorüber. Ihr Gesicht war bleich und ihre Augen ausdruckslos.

„Die Nächste!", erschallte eine Stimme auf der anderen Seite des Raumes. Anna trat mit klopfcndcn Herzen ein.

Eine Frau um die 40 saß im Sprechstundenzimmer.

„Du bist die Neue Anna Müller?", fragte die Sprechstundenhilfe.

„Ja.", sagte Anna.

Geradeaus durch den weißen Vorhang, das ist das Behandlungszimmer, du kannst schon durchgehen und dich freimachen. Die Frau Doktor kommt gleich."

Anna tat, was ihr aufgetragen wurde.

Ein ältere Dame Anna schätzte, sie um die 50 betrat den Raum. Die Frau trug einen weißen

Kittel und hatte ein Stethoskop um den Hals hängen. Die Ärztin sah in Annas Akte, dann kam sie auf Anna zu um, sie abzuhorchen.

„Tief einatmen."

Anna tat, was man ihr auftrug.

„Umdrehen und noch einmal einatmen."

Anna atmete ein.

„Okay Mund auf!"

Anna öffnete den Mund, worauf die Ärztin ihr einen Holzstiel auf die Zunge legte und mit einer Taschenlampe in ihren Rachen leuchtete.

Anschließend leuchtete die Ärztin Anna mit der Taschenlampe ins Gesicht und sagte: „Bitte einmal dem Lichtkegel folgen.“

Annas Augen verfolgten den Lichtkegel.

„Gut, ich nehme dir ein wenig Blut ab, also streck deinen Arm aus und mache eine Faust.“

Anna hielt der Schwester ihren Arm hin, als die Krankenschwester ihren Arm mit einem feuchten Wattebausch betupfte und die Nadel ansetzte. Anna schloss die Augen, sie mochte und sie konnte kein Blut sehen, wenn sie Blut war wurde ihr schlecht. Das Herz in ihrer Brust schlug schneller und Schweißperlen bildeten sich auf ihrer Stirn. Sie hatte keine Lust, vor dieser Krankenschwester in Ohnmacht zu fallen. Sie spürte ein leichtes Kältegefühl auf ihrer Haut, gefolgt von einem Stich.

„Alles schon vorbei und jetzt geht es zum wiegen.“

Anna stellte sich auf die Waage. Die Krankenschwester notierte ihr Gewicht und reichte ihr einen kleinen Plastikbecher.

„Voll machen.“, sagte die Krankenschwester und deutete auf einen Vorhang.

Anna ging hinter den Vorhang, zog ihre Unterhose hinab und ließ es in den Becher laufen. Sie zog ihre Hose wieder hoch, trat hinter den

Vorhang hervor und reichte den Becher der Schwester.

Die Schwester betrachtete Anna von oben bis unten und notierte etwas auf ein Stück Papier.

„Zwei Tabletten Chlorphomazin jeweils Morgens und Abends." ,sagte die Krankenschwester.

„Ich bin nicht krank, ich brauch keine Tabletten.",sagte Anna.

Eine schallende Ohrfeige war die Antwort.

„Halt den Mund, du tust was wir sagen, wenn wir es sagen. Wenn wir sagen du brauchst

Chlorphomazin, dann benötigst du Chlorphomazin. Hast du verstanden? Du bist hier um zu gehorchen, das wäre besser für dich.", sagte die Nonne und drückte ihre Finger so fest auf Annas Schulter, dass sie fast in die Knie gegangen wäre.

Anna nickte.

„Du kannst dich anziehen. Schwester Susanne bringt dich zur Kleiderkammer.", sagte die Ärztin.

Was hatte das alles zu bedeuten? Warum brauchte sie Medikamente? Sie hatte nie Medikamente gebraucht ihr ganzes Leben lang nicht. Die Schulter, wo die Schwester sie angefasst hatte, schmerzte. Eines war Anna in dieser Sekunde klar geworden, hier musste sie parieren, wenn sie es nicht tat, würde man ihr Schreckliches antun. Schweigend folgte Anna der Nonne zu den Sanitäranlagen.

„Hier kannst du dich duschen und beeil dich, ich habe heute auch noch etwas anderes zu tun!, sagte Schwester Susanne.

Schweigend betrat Anna den Duschraum, er war groß, viel größer als die Dusche die sie zu Hause besessen hatten. Zwölf Duschköpfe hingen an den Wänden. Auf einer Ablage, die an der Wand hing, stand ein Tube Shampoo und ein Stück Kernseife. Graue Fließend zierten den Boden und die Wände. Ein Neonstrahler tauchte die Duschkabine in gleißendes Licht. Anna zog sich aus und drehte den Duschkopf auf, heißes Wasser ergoss sich auf ihrer Haut. Für einige Sekunden schloss sie die Augen, dass alles kam ihr wie ein böser Traum vor. Wahrscheinlich würde sie gleich erwachen, ihre Mutter würde neben ihrem Bett sitzen und ihre Wange streicheln. Alles wäre gut, und das Heim und die Nonne wäre ganz weit weg. Anna seifte sich ein, eine Träne lief ihre Wange hinab. Sie war gerade sich die Haare auszuspülen als die Nonne die Tür aufstieß und schrie:" Bist du endlich fertig, raus da oder ich mach dir Beine!"

Anna fuhr herum.

„Sofort Schwester Susanne. Bitte nur noch eine Minute.“

„Nichts da, du hast lange genug geduscht.“, sagte die Nonne und kam auf Anna zu. Anna fuhr vor Schreck einige Schritte zurück. Anna biss die Zähne zusammen, als Schwester Susanne ihr Handgelenk ergriff und sie aus der Dusche zerrte.

„Trockne dich ab und zieh dich an, hier wird nicht gepennt.“, sagte Schwester Ruth. Anna zuckte beim Ton ihrer Stimme zusammen. Sie erhielt eine weitere Ohrfeige, der Abdruck von Schwester Ruth Fingern zeichnete sich deutlich auf ihrer linken Wange ab.

Anna wich ein paar Schritte zurück, als die Nonne auf sie zukam. Sie zitterte. Sie blieb wie angewurzelt stehen, als sie die kalten Fliesen der Gemeinschaftsdusche spürte. Anna zitterte, sie sah der Nonne genau in die Augen. Anna lief ein kalter Schauer über den Rücken und ihr Herz pochte wie wahnsinnig. Die Nonne kam langsam auf sie zu. Für Anna sahen die Augen aus, wie die eines gefährlichen Raubtieres, welches sich gerade darauf vorbereitet, auf seine Beute zu springen, um sie zu Boden zu reißen. Anna presste sich, so gut sie konnte gegen die Fliesen, sie konnte sich noch an die Zeit erinnern, als sie nachts immer Angst vor dem schwarzen Mann hatte, ihre Mami hatte sie dann immer liebevoll in die Arme genommen und sie in ihrem Bett schlafen lassen. Mami hatte ihr erzählt, dass es keinen schwarzen Mann gab und der nur in ihrer Fantasie existiert. Mami hatte recht, es gab keinen schwarzen Mann, es gab eine schwarze Frau. Anna hatte die Augen weit aufgerissen, als die Nonne sie an den Haaren packte und durch den Duschraum schleuderte. Ein stechender Schmerz schoss in ihr Steißbein, als sie gegen die Fliesen stieß.

„Dir werde ich helfen, du wirst schon noch lernen, dass du zu parieren hast.", sagte die Schwester Susanne und kam abermals auf sie zu. Annas Augen füllten sich mit Tränen, sie zitterte am ganzen Körper, als Schwester Susanne das Mädchen an den Haaren packte und zum Waschbecken zerrte. Anna schrie. Annas

Herz klopfte wie wahnsinnig, ihre Nackenhaare richteten sich langsam auf, als sie sah, wie Schwester Susanne den Stöpsel ins Waschbecken steckte und den Wasserhahn aufdrehte. Was hatte die Nonne mit ihr vor? Was sollte sie tun, sollte sie schreien? Um Hilfe rufen?

„Nein bitte, ich bin ja schon fertig.", sagte Anna.

„Das wäre auch besser für dich, trotzdem wird es Zeit, dass ich dir einen Lektion erteile, du bist hier um zu gehorchen, nicht mehr und nicht weniger und das werde ich dir jetzt beibringen.", sagte Schwester Susanne.

Anna schluckte. Was sollte sie tun? Mit weit

aufgerissenen Augen starrte sie in Schwester Susannes Gesicht.

Anna schrie. Die Erzieherin packte ihren Kopf und presste sie mit dem Gesicht voran ins eiskalte Wasser. Luftblasen stiegen aus dem Wasser empor.

Wie lange war sie bereits unter Wasser? Zehn Sekunden oder zwanzig? Schwester Ruth zog sie an den Haaren aus dem Waschbecken. Anna keuchte und rang nach Luft.

„Am Besten ist es, wenn du noch einmal tief Luft holst.", schrie die Nonne, worauf sie Anna abermals mit dem Gesicht voran ins Waschbecken drückte. Blasen stiegen aus dem

Wasser auf. Anna zappelte und versuchte sich, aus dem Griff der Nonne zu befreien, aber sie hatte keine Chance. Mit der linken Hand ergriff sie Annas Hände und hielt sie hinter ihrem Rücken zusammen. Von Minute zu Minute wurde Annas Gegenwehr schwächer, bis sie nach einiger Zeit aufhörte sich gegen Schwester Susannes, Angriff zu wehren. Bilder tauchten vor Annas geistigem Auge auf, Bilder wie sie mit ihren Eltern und Geschwistern Weihnachten gefeiert hatten. Wie sie auf Papas Schoß gesessen und mit ihm gemeinsam Lieder gesungen hatte. Bilder wie sie draußen Seilchen gesprungen war, oder mit einer Freundin gemeinsam Kommando Pimperle auf der Straße gespielt hatte. Sie war sich sicher, dass dies ihr Ende war. Sie schloss die Augen, während sie langsam immer schwächer wurde. Es dauerte nicht lange, da wurde ich schwarz vor Augen. Im Geiste sprach Anna ein Gebet, dann schwanden ihr die Sinne.

Kapitel 2

Disziplinarmaßnahme

Anna erwachte mit leichten Kopfschmerzen, sie hustete, wie spät war es? Wo war sie? Sie sah sich um, konnte aber abgesehen von Dunkelheit nichts erkennen. Was war in den vergangenen Stunden geschehen? Ihr war schwindelig, die ganze Umgebung schien sich, um ihr herum zu drehen. Was hatte das alles zu bedeuten? Anna tastete ihre Umgebung ab, sie lag in einem Bett, dann fiel es ihr wieder ein. Schwester Susanne, Schwester Susanne hatte sie mit dem Gesicht voran ins Waschbecken gedrückt. Ihr Haar war nass. War sie bewusstlos gewesen? Wie lange war sie ohne Besinnung gewesen? Wie spät war es? War es Nacht oder noch Tag? Wo war sie? Sie war noch immer benommen und ihr war schwindelig. Da war eine Nonne gewesen, eine Nonne, was hatte die Nonne noch mal gesagt? Anna hob den Kopf, was von einem stechenden Schmerz begleitet wurde, sodass sie ihn gleich wieder sinken ließ. Sie hustete leise, da fiel es ihr wieder ein. Sie war in einem Kinderheim ihre Eltern, waren bei einem Autounfall ums Leben gekommen. Anna versuchte, die Arme zu bewegen, aber es gelang ihr nicht. Sie fühlte Stricke, hatte man sie ans Bett gefesselt oder bildete sich das alles nur ein? Langsam kehrten Annas Erinnerungen an den schrecklichen Unfall zurück, bei dem sie ihre Eltern verloren hatte:

Ihr Auto war auf regennasser Fahrbahn von der Straße abgekommen und hatte einen LKW gerammt. Danach hatte das Auto sich mehrfach überschlagen und war einen Abhang hinabgerollt. Vier Stunden war sie in dem Wrack gefangen gewesen. Mami und Papi hatten sich nicht mehr bewegt. Die Windschutzscheibe war zu Bruch gegangen. Sie hatte versucht, ihren Gurt zu öffnen und aus dem Wagen zu klettern, aber es gelang ihr nicht. Sie hatte ihre Eltern gerufen, aber Mami und Papi hatten nicht geantwortet. Anna hatte ihren Papi und anschießend ihre Mami mit dem Finger angestupst, aber Mami und Papi hatten nicht reagiert. Sie wäre gerne zu ihnen geklettert, aber sie konnte sich nicht aus dem Kindersitz befreien, außerdem war das Dach im Weg. Das Autodach hatte eine ganz schlimme Beule bekommen, sodass es fast die Sitze nach unten drückte. Wie lange sie in dem Auto festgesessen hatte, wusste sie nicht, aber es war ihr wie eine Ewigkeit vorkommen, bis die lieben Feuerwehrmänner sie befreit hatten.

„Mami, Papi!", rief Anna, doch sie erhielt keine Antwort.

„Mami Papi, wacht auf, aufwachen. Was ist mit euch? Wacht auf.", sagte Anne, aber ihre Eltern regten sich nicht. Heiße Tränen liefen ihre Wangen hinab, als ihr bewusst wurde, dass ihre Eltern beim lieben Gott waren. Warum hatte Gott das getan, warum hatte Gott ihre Eltern zu sich geholt? Sie brauchte ihre Mami und ihren Papi doch noch. Wie sollte sie denn ohne Mami und Papi zurechtkommen? Sie hatte keine Verwandte, Mami und Papi waren die Letzten übrig gebliebenen. Ihre Geschwister waren entweder im Ausland, im Krieg gefallen oder verschollen. Das wusste Anna, Mami hatte das mal zu ihr gesagt, wo sollte sie denn jetzt hin? Das durfte nicht sein. Anna schloss die Augen, sie wünschte sich zu sterben, warum war sie am Leben geblieben, warum war sie nicht wie ihre Eltern gestorben? Dann könnte sie mit ihnen in den Himmel reisen und beim lieben Gott gemeinsam mit ihnen zusammen leben. War Gott vielleicht gar nicht lieb? Wenn Gott lieb war? Warum hatte er ihr ihre Eltern genommen? Warum hatte er den Unfall nicht verhindert? Warum hatte er das zugelassen warum? Anna bettete den Kopf an die Schulter ihrer Mutter und weinte. Erinnerungen stiegen in ihr auf, Bilder wie sie mit Mami zu Weihnachten Plätzchen gebacken hatte oder wie sie mit Mami und Papi gemeinsam Kühe und Kälber gemolken hatte. Wie sie manchmal bei den Kühen im Heu geschlafen hatte. Oder mit ihrem Schäferhund in den Wald gegangen war, um Beeren und andere Früchte zu sammeln, die ihre Mami zum einkochen für Marmelade verwendet hatte. Ihre Mami war schön gewesen, sie hatte lange braune Haare, die sie zu einer Dauerwelle frisiert hatte. Ihre blauen Augen und das Lächeln auf ihrem Gesicht würde sie nie vergessen. Ihre Mutter hatte meistens in der Küche gestanden und Eintöpfe oder Gemüse eingekocht, wie Möhren, Erbsen oder Spitzkohl. Fleisch hatte es nur selten gegeben, vielleicht mal sonntags einen Braten oder ein Kotelett. Dies waren aber Ausnahmen geblieben. Sie hatte das kleine Weiße Haus in Schuss gehalten. Sie waren zu fünft gewesen. Sie hatten einen kleinen Bauernhof besessen, sie hatten Schweine, Kühe und Hühner gehalten. Es gab immer viel zu tun und sie alle mussten mit anpacken. Ihr Papa arbeitete Untertage im Bergbau. Wenn er von der Arbeit nach Hause kam, waren seine Hände und Füße von Ruß geschwärzt und seine Gesichtsfarbe, war überhaupt nicht mehr zu erkennen. Anna fand, dass er dann immer aussah wie der Knecht Hubrecht vom Nikolaus. Das sah echt lustig aus. Wie oft hatte sie auf seinem Schoß gesessen und den Geschichten gelauscht, vom kleinen Mann auf dem Dachboden oder den Märchen der Gebrüder Grimm. Ihr Papa konnte wirklich gut Geschichten erzählen. Morgens um halb fünf stand sie auf dann, musste sie die Tiere füttern und den Schweinestall ausmisten. Um sechs gab es Frühstück. Wie oft hatte sie sich mit Freunden draußen zum Murmel spielen oder zum Seilchen springen getroffen?

Die Gedanken brachen ab. Anna drehte den Kopf zur Seite, auch die anderen Kinder waren hier, sie schliefen. Es war so leise, dass man eine Stecknadel hätte fallen hören können. Sie hob den Kopf, alle Kinder schliefen in derselben Position. Die Hände über die Decke gefaltet, lagen sie reglos da. Hätte sich die Decke bei den Kindern nicht auf und ab bewegt, hätte man sie für tot halten können. Anna fand das seltsam. Ihr war kalt, es war zugig und sie zitterte. Warum bewegten sich die Kinder nicht, Anna drehte den Kopf zur Seite, eine Träne lief sanft ihre Wange hinab, sie vermisste ihre Puppe Lisa. Wie oft hatte sie mit Lisa gekuschelt und sie ganz fest an sich gedrückt, wenn sie einsam gewesen war oder sich gefürchtet hatte? Wie oft hatte sie mit Lisa gesprochen und gespielt? Fast wie mit einer richtigen Freundin. Anna hatte aber auch eine Freundin.

Anja, sie hatte in ihrer Nachbarschaft gelebt nur zwei Häuser weiter. Wie oft hatte sie mit Anja verstecken und fangen gespielt? Oder Kommando Pimperle? Anna vermisste ihre Freundin, erneut stiegen ihr Tränen in die Augen. Sie schluchzte leise. Der Schein einer Taschenlampe huschte durch den Schlafsaal und traf auf Annas Gesicht. Schwester Ruth trat zu ihr ans Bett, zog die Bettdecke weg und machte sich an den Stricken zu schaffen. Sie sagte: „Aufstehen, es ist nicht erlaubt, die Füße unter der Bettdecke heraus sehen zu lassen. Die Hände haben gefaltet über der Bettdecke zu liegen und die Füße dürfen nicht unten herausschauen. Hast du verstanden?"

Anna nickte stumm. Wie sollte sie denn die

Füße bedecken, wenn man sie ans Bett gebunden hatte? Sie wollte etwas erwidern, aber sie schwieg.

„Der Satan ist in dir, aber ich werde ihn dir noch austreiben.", sagte Schwester Ruth.

Annas Augen füllten sich mit Tränen, als Schwester Ruth ihre Fesseln löste, sie am Handgelenk packte und aus dem Bett zog.

„Mitkommen."

Anna schlug das Herz bis zum Halse, als sie über den Flur geschleift wurde.

„Bitte Schwester Ruth es tut mir leid bitte lassen Sie mich wie wieder ins Bett gehen, ich werde nie wieder die Füße rausschauen lassen.", sagte Anna.

„Auch noch Widerworte geben, dir werde ich helfen, der Teufel hat dich in Versuchung geführt, aber ich werde ihn dir schon austreiben."

Anna zappelte und versuchte sich, aus dem Griff der Nonne zu befreien, während Tränen ihre Wangen hinunterliefen.

Eine weitere Ordensschwester trat hinzu und fragte:"Was gibt es Schwester Ruth?"

„Schwester Susanne holen Sie den Spaten und

die Peitsche, wir müssen dieser kleinen Göre
ein wenig Respekt beibringen.", sagte Schwester Ruth.

„Bitte, bitte nicht, was haben Sie mit mir vor?",
fragte Anna.

„Das wirst du noch früh genug erfahren, komm
schon oder ich mach dir Beine."

Kalte Nachtluft schlug Anna entgegen, als
Schwester Ruth die Tür zum Hof aufstieß und
sie nach draußen zerrte. Eisige Kälte schoss
ihr in die Glieder und ließ sie zittern. Schwester Ruth führte Anna auf den Friedhof. Regen
prasselte auf sie hernieder. Anna war nur mit
einem dünnen Nachthemd bekleidet, in weni-

gen Sekunden war sie durchnässt bis auf die Knochen. Schwester Ruth reichte Anna einem Spaten und sagte: „Hebe dein Grab aus du ungezogenes Kind und sage dabei das Vater unser auf. Beeil dich oder ich mach dir Beine."

Anna schluckte, ihre Nackenhaare richteten sich auf, ihre Beine fühlten sich an wie Wackelpudding. Das konnte Schwester Ruth doch unmöglich ernst meinen. Die wollten sie doch nicht etwa... um – um - umbringen. Anna sah Schwester Ruth wie erstarrt an. Sie war unfähig, sich zu bewegen oder einen klaren Gedanken zu fassen. Wollte Schwester Ruth wirklich, dass sie ihr eigenes Grab aushob, oder machte sie einen Scherz? Anna zitterte. Die Peitsche klatschte auf Annas Rücken und ihr stiegen

Tränen in die Augen.

„Fang endlich an!", sagte Schwester Ruth.

Wimmernd stach Anna den Spaten in die nasse Erde und betete: „Vater unser der du bist im Himmel..."

Anna erhielt einen Schlag auf den Hinterkopf, sodass sie fast zu Boden gesunken wäre. Für den Bruchteil einer Sekunde wurde ihr schwarz vor Augen. Sie taumelte und war sicher in Ohnmacht zu fallen. Doch sie fing sich wieder und das Gefühl verschwand ebenso schnell, wie es gekommen war. Ihr Kopf schmerzte so stark, dass sie glaubte, jemand würde mit einem Hammer darin arbeiten.

„Ich höre nichts:", sagte Schwester Ruth.

„Vater unser der du bist im Himmel…, sagte
Anna lauter, ihre Stimme zitterte. Ein Schluchzen entwich ihrer Kehle. Schwester Ruth lachte.

Anna stöhnte, als ein Schlag ihren Rücken traf.
Die Striemen auf ihrer Haut brannten wie Feu-
er. Sie hatte das Gefühl, dass ihr Kopf jede Sekunde auseinanderflog. Vor ihrem geistigen
Auge tauchten Bilder aus vergangenen Tagen
auf. Sie erinnerte sich daran, wie sie gemeinsam mit ihren Eltern Weihnachten oder Na-
menstag gefeiert hatte.

„Du sollst nicht einschlafen du kleines ungehorsames Blag.“, sagte Schwester Ruth und verpasste ihr erneut einen Hieb auf den Rücken.

Anna stach den Spaten in die feuchte Erde und hob einen weiteren Klumpen empor.

„Ich höre wieder nichts.“, sagte die Nonne und schlug abermals auf Anna ein. Erbarmungslos sauste die Peitsche auf ihren Rücken nieder und fraß sich durch ihre weiße Haut, auf der sie blutrote Striemen zurückließ.

„Vater unser der du bist im Himmel geheiligt werde dein Name, dein Reich komme, dein Wille geschehe.“

Sie schluchzte, das konnte doch nicht wahr sein? War das ein Traum, lag sie in ihrem Bett und schlief? Oder bildete sie sich das alles nur ein? Ein weiterer Schlag machte ihr bewusst, dass dem nicht so war. Der Berg Erde wurde mit der Schaufel Erde, die Anna emporhob grö-ßer. *Bitte Gott, bitte sorge dafür, dass sie mich nicht umbringt,* dachte Anna, während ihr Trä-nen über die Wange liefen. Es dauerte nicht lange, da bildeten sich schmerzhafte Blasen an Annas Finger. Anna biss sich auf die Unterlip-pe und versuchte, so gut es ging die Schmer-zen, in ihren Händen und ihrem Rücken zu ignorieren. Ihre Zehen waren taub, sie hatte absolut kein Gefühl mehr in ihnen, während sie pausenlos das Vater unser betete. Hoffentlich machte Schwester Ruth es schnell, hoffentlich ließ die Nonne nicht noch länger leiden. Oder hatten die Nonnen noch weitere Gemeinheiten mit ihr vor ehe sie sie... Hatten die Nonnen das auch mit den anderen Kindern gemacht, den Kindern, die hier auf dem Friedhof? Daran sollte sie lieber nicht denken. Sie stieß den Spaten erneut in die nasse Erde und sagte: „Vater unser im Himmel, geheiligt werde dein Name ... dein – dein.

Ein weiterer Schlag ließ Anna aufschreien. Ihr Rücken brannte.

„Trage das Gebet vernünftig vor, ich dulde kein stottern vor unserem Herrn.", sagte Schwester Ruth

„Vater unser im Himmel, geheiligt werde dein...Name."

Sie erhielt einen weiteren Schlag und schrie auf.

„Habe ich etwas von Pause gesagt?", fragte Schwester Ruth.

„Vater unser im Himmel geheiligt werde dein Name, dein Reich komme, dein Wille geschehe. ..., schrie Anne, während sie weiter Erde aus dem inzwischen fast drei Fuß tiefen Loch hob. Das Ende vor Augen grub Anna weiter, warum hatte man sie ausgerechnet in dieses Heim geschickt? Bald wäre, sei bei ihren Eltern im Himmel, sie würde mit ihrer Mama und ihrem

Papa gemeinsam beim lieben Gott wohnen und auf einer Wolke sitzen. Sie hätte Engelsflügel und würde mit ihnen gemeinsam fangen spielen und durch Wolken fliegen. Der Gedanke daran, bald wieder mit ihren Eltern vereint zu sein, gab ihr Kraft. Ein weiterer Schlag landete auf ihrem Rücken und riss sie auf ihren Gedanken Ihre Haut platzte auf und Anna spürte, wie warmes Blut langsam ihren Rücken hinunterlief. Sie wusste inzwischen nicht mehr, was mehr weh tat, ihre Wirbelsäule oder die Blasen an ihren Händen? Ein Hustenreiz überfiel Anna, sodass sie die Schaufel fallen ließ. Dieses Vergehen wurde von den Nonnen sofort mit einem weiteren Schlag quittiert.

„Habe ich etwas von Pause gesagt, du faule,

boshafte Ausgeburt des Satans?“

„Nein Schwester Ruth.“, sagte Anna und ergriff die Schaufel. Sie stöhnte.

Es dauerte über eine Stunde, ehe Anna fertig war, ihr war kalt, sie spürte ihre Zehen und Finger nicht mehr. Anna ließ den Spaten fallen und fiel auf die nasse Erde. Sie schloss die Augen. Gleich würde die Nonnen sie umbringen, dann wäre sie erlöst. Anna träumte, sie stellte sich vor, sie wäre mit bei ihren Eltern im Himmel. Sie saß mit ihrer Mama und ihrem Papa auf einer Wolke und sah auf die Erde hinab, wo alle Menschen jetzt für immer glücklich und zufrieden lebten. Sie durfte Vanilleeis und Süßigkeiten essen, so viel sie wollte und sie könnte den ganzen Tag mit anderen Kindern fangen oder verstecken spielen und die Regenbogenrutsche hinunter rutschen.

Sie wurde an den Haaren gezogen, dann ergriff Schwester Ruth den Saum ihres Nachthemdes und warf sie wie einen Sack Mehl in das Grab. Anna schrie, heiße Tränen liefen ihre Wangen hinab, als eine Schaufel Erde auf ihrem Rücken landete.

„Aufstehen", befahl Schwester Ruth.

Anna erhob sich.

„Ich hoffe das war dir eine Lehre, beim nächsten Mal werden, wir dich vielleicht tatsächlich lebendig begraben. Hast du verstanden?“

„Ja Schwester Ruth.“, antwortete Anna, während ihr Tränen über die Wangen liefen.

Kapitel 3

Morgenappell

„Alles aufstehen, los, bringt eure Betten in Ordnung, dann waschen, anziehen und seht zu, dass ihr die Ställe ausmistet und den Boden schrubbt." , gelte Schwester Susannes Stimme durch den Schlafsaal. Wie auf Kommando sprangen die Kinder aus ihren Betten. Anna hustete, während sie aus ihrem Bett sprang. Sie hatte die vergangene Nacht kein Auge zugemacht. Die Ordensschwestern schienen das Treiben der Kinder genauestens zu beobachten. Wie Geier gingen die Nonnen durch die schmalen Gänge des Schlafsaals, das

Klacken ihrer Absätze auf den kalten Fliesen, jagte den Kindern einen Schauer über den Rücken. Die Nonne kontrollierte jedes Bett, ob es auch akkurat gefaltet war. Ecke auf Ecke, das Kopfkissen hatte exakt mittig auf der Matratze zu liegen. Das Oberbett hatte bündig Ecke auf Ecke und Kante auf Kante zu liegen. Es hatte genausten mit der Matratze abzuschließen.

„Sophia dreh dich um.", sagte Schwester Susanne. Sophia zitterte, langsam drehte sie sich zu der Ordensschwester um.

Anna sah in die Mienen der Kinder, sie sah ihnen an, dass sie alle panische Angst vor den Nonnen hatten. Sie alle waren bleich, bleich wie der Tod. Nachdem was sie selbst letzte Nacht und am Tag ihrer Ankunft hier erlebt hatte, konnte sie die Furcht nachvollziehen. Sie waren alle eingeschüchtert und bis aufs Letzte diszipliniert worden. Hier hatten sie stramm zu stehen und zu gehorchen.

„Sie dir dein Bett an, ist das etwa ordentlich?"

Das Mädchen zitterte am ganzen Leib. Das blanke Entsetzen stand in ihren Augen.

Die Nonne nahm das Bettzeug des Mädchens und warf es auf den Boden.

„Umdrehen ausziehen!", befahl Schwester Susanne.

Zögerlich tat das Kind, was die Ordensschwester von ihr verlangte. Anna sah ältere fast verheilte Striemen auf Sophias Rücken. Sie schluckte, wie oft geschah es, dass sie hier vor allen geschlagen wurden? Die Peitsche baumelte bedrohlich hin und her. Schwester Susanne lächelte und holte aus. Ein klatschender Hieb landete auf dem Hintern des Mädchens, sodass blutrote Striemen zurückblieben. Ein weiterer Hieb traf den Rücken des Mädchens, sodass frische blutrote Streifen zurückblieben. Doch das Mädchen jammerte nicht, nicht ein Stöhnen kam über ihre Lippen, während Schwester Susanne weiter auf sie einschlug. Bei jedem Hieb zuckte Anna zusammen, als ob sie es selbst wäre, die die Strafe erleiden musste. Wie oft geschah es wohl, dass sie von den Nonnen geschlagen wurden? Täglich, wöchentlich? Anna spürte wie sich ein Kloß in ihrer Kehle ausbreitete und versuchte, ihn hinunterzuschlucken.

„Ihr Kinder, zieht euch an und dann fangt an zu wischen, die Tiere müssen auch noch versorgt werden. Ställe ausmisten, Tiere füttern und das Feld durch hacken. Bewegt euch ihr faulen Ausgeburten des Satans. Und wehe ihr seit nicht pünktlich beim Gottesdienst. Und jetzt ein bisschen Tempo wenn ich bitten darf.", sagte Schwester Susanne.

Die Kinder sahen zu, dass sie sich so schnell wie möglich anzogen.

„Anna du nicht, du wirst dich ausziehen, bis auf die Unterhose. Wir wollen deinen Rücken sehen.“, sagte die Oberschwester.

Anna schluckte, wagte es aber nicht zu widersprechen. So schnell wie möglich zog sie ihr Nachthemd aus und drehte sich um. Die Oberschwester kam auf Anna zu begutachtete voller entzücken Annas Rücken. Blutrote Striemen leuchteten auf ihrer weißen Haut. Die Nacht war eine Qual gewesen, die Striemen brannten unnachgiebig, während ihre Erinnerungen an die Stunden auf dem Friedhof wo sie ihr Grab hatte ausheben müssen, ihren Teil dazu beitrugen. Noch nie in ihrem Leben hatte Anna eine solche Todesangst verspürt. Von jetzt an, würde sie darauf achten, dass ihre Füße immer unter der Decke waren. Anna spürte die Blicke die Blicke der Oberschwester auf ihrer Haut, ihr Blick brannte sich in ihre Seele, wie Flammen, die sich durch Haut und Kleider fraßen. Anna zuckte leicht zusammen, als Schwester Ruths Hände langsam über ihren Rücken fuhren. Sie schloss die Augen, eine Träne lief ihre Wange hinab.

„Bück dich!", befahl Schwester Ruth. Anna zuckte beim Klang ihrer Stimme zusammen, tat aber, wie ihr befohlen wurde. Am Liebsten wäre sie in der Sekunde im Erdboden versunken.

„Zieh dich an, mach dein Bett und dann

schrubb den Boden, in einer Stunde müsst ihr zum Gottesdienst und wehe du bist bis dahin nicht fertig. Hier sind deine Tabletten", sagte Schwester Susanne.

Die Nonne reichte Anna zwei Tabletten und ein Glas Wasser. Anna spülte die Tabletten hinunter.

„Mund auf!", befahl Schwester Susanne.

Anna öffnete den Mund.

„Waschen, anziehen und an die Arbeit."

Anna hustete, während sie sich wie die übrigen Kinder aus ihrem Nachthemd schälte und ins

Bad ging.

Kapitel 4

Arbeitstiere

Auf Händen und Kien kroch Anna im Schlafsaal über den alten Holzboden. Ein alter Blecheimer voll Wasser mit Reinigungsschaum stand neben ihr. Mit einem alten Lappen schrubbte sie auf allen vieren den Schlafsaal. Schwester Ruth stand mit einem Rohrstock hinter ihr. Anna bemühte sich, so schnell und gründlich wie möglich zu sein. Sie tauchte den Schwamm ins Wasser, wrang ihn aus und schrubbte vor und zurück vor und zurück. Peinlich genau achtete Anna darauf, auch jeden Millimeter des Bodens zu reinigen, sie wusste, was ihr sonst blühte. Anna wollte gerade unter die Betten krabbeln, um dort zu putzen, als sie einen Hieb auf den Rücken erhielt.

„Was ist das? Du hast da eine Stelle ausgelassen, putze gefälligst anständig, oder du bekommst kein Frühstück du Ausgeburt des Satans.", sagte Schwester Ruth und verpasste ihr erneut einen Hieb. Anna schrie und beeilte sich Schwester Ruth Forderung, nachzukommen.

„Verzeihung Schwester Ruth.", sagte Anna. Am Liebsten hätte sie losgeheult, sie kam sich so schäbig, so minderwertig. Austauschbar.

Ihre Haut juckte und brannte gleichzeitig. Ihre Augen tränten und sie stellte fest, dass sich auf ihrer Haut ein Ausschlag gebildet hatte. War sie krank? Bekam sie Masern oder Windpocken? Sie sah alles wie durch einen Nebelschleier. Anna steckte den Schwamm ins Wasser und wrang ihn erneut aus. Ein weiterer Hieb ließ sie aufschreien. Ihre Knie bluteten. Während, sie über den alten Holzboden kroch.

„Schneller du faules Miststück, wir wollen heute noch zum Gottesdienst.", sagte Schwester Ruth.

„Ich-ich putze doch schon so schnell ich kann.", sagte Anna, was mit einem weiteren Hieb quittiert wurde.

„Auch noch Widerworte geben, dir werde ich

helfen.", bei diesen Worten wurde Anna an den Harren gepackt und mit dem Kopf ins Wischwasser gedrückt. Anna zappelte der Geschmack von Seife und legte sich auf ihrer Zunge. Sie schluckte Wasser und bekam keine Luft. Anna schlug um sich. Sie stellte einen Fuß auf den Boden und versuchte sich hoch zudrücken, aber es gelang ihr nicht. Blasen stiegen aus dem Eimer empor und Wasser spritzte auf die Holzdielen, während Anna wie ein Fisch am Haken zappelte. In ihrer Verzweiflung sendete sie im Gedanken ein Gebet zum Himmel hinauf. Wie lange befand sie sich bereits unter Wasser? Eine Minute oder zwei? Wie lange konnte ein Mensch ohne Sauerstoff überleben? Annas Kopf wurde aus dem Wasser gerissen. Anna hustete, Wasser kam aus ihrer

Lunge und sie rang nach Luft. Was hatte sie verbrochen, dass Gott sie an diesen Ort gebracht hatte? Mama hatte ihr immer gesagt, Gott wird dich beschützen und er wird darauf achten, dass dir kein Leid geschieht. Wo war den dieser Gott? Warum hatte dieser Gott ihr ihre Eltern genommen und sie mutterseelen allein zurückgelassen? Warum ließ er zu, dass die Nonnen sie wie ein Stück Dreck behandelten?

„An die Arbeit.", rief Schwester Ruth und stieß sie mit dem Fuß an. „Wenn du nicht in einer Stunde fertig bist, erhältst du kein Frühstück."

Anna schrubbte, ihre Knie bluteten, sie konnte jeden Knochen ihres Körpers spüren. Der

Rohrstock knallte unablässig auf ihren geschundenen Rücken nieder und trieb sie zur Eile an. Anna steckte den Lappen wieder in den Eimer. Sie hustete, wartete, bis der Hustenanfall vorbei war, wrang den Lappen aus und schrubbte vor und zurück, vor und zurück. Sie konnte jeden Muskel und Knochen in ihrem Körper spüren. Sie schrubbte den Boden, so lange bis er spiegelblank war und nicht ein einziges Staubkörnchen mehr zu sehen war. Wenn sie auch nur einen Millimeter übersah oder sie es in Schwester Ruth Augen nicht ordentlich genug gemacht hatte, würde sie wieder Prügel beziehen oder Schlimmeres. Anna wollte der Nonne auf keinen Fall weitere Anlässe für Handgreiflichkeiten geben. Sie würde sich jetzt bei allem, was sie tat doppelt, so viel Mühe geben. Ihre Finger waren feuerrot. Anna zitterte. Das Wasser war so heiß, dass Anna ihre Finger nur wenige Sekunden hineinhalten konnte. Sie hatte bei jedem eintauchen des Lappens das Gefühl, dass ihre Haut verbrannte. Es dauerte zwei Stunden, bis Anna mit dem Putzen des Schlafsaals fertig war. Sie war völlig außer Atem. Schweiß lief ihren Nacken hinab. Fast auf der Stelle brach sie zusammen und blieb am Boden liegen, bis der Rohrstock ihr auf die Beine half.

„Gute Arbeit du faules Luder, bring den Eimer weg und dann ab zum Gottesdienst.", sagte Ruth. Anna stöhnte, während sie sich wankend erhob, um das Putzzeug wegzubringen. Ihr war schwindelig und sie glaubte, jede Sekunde zusammen zu brechen. Das Heim schien von einem Schleier umgeben zu sein. Ihr Magen knurrte. Die Striemen auf ihrem Rücken brannten. Anna hustete. Ihr Bauch schmerzte.

Kapitel 5

Beim Gottesdienst

Im Gänsemarsch ging es unter Aufsicht der Nonnen zum Gotteshaus. Anna staunte nicht schlecht, als sie die prunkvolle Einrichtung sah. Bunte verglaste Fenster, ein riesiger Altar auf dem ein goldener Kelch standen und ein dickes Buch. Der Saal war anders als die anderen Räume mit hellen Marmorfliesen ausgestattet. Eine Mutter Gottes stand neben dem Eingang und hielt das Jesuskind in den Armen. Hinter den Bankreihen stand ein Taufbecken und dahinter eine weitere Kammer, das war der Beichtstuhl. Hinter dem Altar hing ein großes hölzernes Kreuz, an welchen der Sohn Gottes hing. Mehrere Bilder hingen an der Wand, die Jesus Christus Kreuzweg vom Verrat seines Jüngers Judas, bis zur Kreuzigung auf dem Berg Golgota darstellten. Jedes Bild zeigte eine andere Szene. Ein Bild zeigte den Verrat von Judas durch den Lügenkuss. Ein weiteres Bild zeigte wie er Pontius Pilatus stand, mit einer Dornenkrone auf dem Kopf. Anna erblickte ein weiteres Bild, welches zeigte, wie Jesus das Kreuz trug. War der Sohn Gottes nicht mehrfach unter der Last des Kreuzes zusammengebrochen?, fragte sich Anna. Anna schluckte, als sie den Beichtstuhl sah. Jeden Sonntag nach der Messe musste jeder von ihnen zur Beichte. Danach gab es Prügel oder schlimmeres, dies hatte ihr eines der anderen Heimkinder erzählt. Schweigen im Beichtstuhl war verboten und die Nonnen bestraften Kinder die es zu schweigen vorzogen damit, dass sich die Kinder nackt vor den anderen ausziehen mussten, danach wurden sie gezwungen sich vor allen Kindern zu entleeren und ihre Fäkalien teilweise wieder hinunter zu schlucken. Christina ein Kind, welches ungefähr in ihrem Alter war, hatte ihr in einem unbeobachteten Moment erzählt, dass die Ordensschwestern den Kindern sogar Sünden wie Selbstbefriedigung oder unzügliche Gedanken nachts im Bett unterstellten und nach der Beichte ganz wie es ihnen gefiel drakonische Strafen wie Prügel, Freiheitsberaubung oder andere Disziplinarmaßnahmen durchführten. Sophia war in Annes Alter, sie kam vor zwei Jahren hierher und wurde durch das Jugendamt von ihrer Mutter getrennt, weil die angeblich in einem schlüpfrigen Gewerbe arbeitete. Dies war jedoch eine Lüge, welche eine Nachbarin dem Jugendamt aufgetischt hatte, weil sie sich an ihrer Mutter rächen wollte. Seitdem hatte das Jugendamt den Kontakt zwischen Mutter und Tochter strengstens untersagt, nicht mal zu Weihnachten oder an ihrem Geburtstag erhielt das Kind eine Karte von ihrer Mutter. Sophia glaubte jedoch nicht daran, dass ihre Mutter sich nicht bei ihr meldete, sondern dass die Nonnen gezielt Briefe ihrer Mutter unterschlugen, um jede Kontaktmöglichkeit zwischen Mutter und Kind zu unterbinden. Als Sophia das Anna unter Tränen erzählte, schluckte Anna, wie konnten die Nonnen nur so gemein sein? Was hatten sie denn getan, dass man sie wie Dreck behandelte? Singt unsere Worte nach, sagte Schwester Ruth: „Ins Wasser fällt ein Stein, ganz heimlich still und leise...“

„Im Wasser fällt ein Stein, ganz heimlich still und leise..“, sangen alle Kinder im Chor.

Früher als ihre Eltern noch lebten, hatte sie gern in der Kirche Lieder gesungen, aber seit hier war, war ihr die Lust auf Lieder singen gründlich vergangen. Als das Lied beendet war, vernahm Anna die Worte von Schwester Ruth, die sagte: „Schlagt Eure Bibel auf, erstes Buch Moses. Wir haben bereits den Fall von Adam und Eva und die Verdammung aus dem Paradies besprochen. Wer mag unserem Neuling kurz wiedergeben worum es im ersten Buch Mose bisher ging.“

„Sophia.“, sagte Schwester Ruth.

„Ja Schwester Ruth.“, sagte Sophia. Sophia war sieben Jahre alt, hatte kurze braune Haare und graue Augen. Ihre Lippen waren blass. Auf ihrer Nase trug sie ein paar Sommersprossen. Sophia war fünf gewesen, als das Jugendamt sie ihren Eltern weggenommen hatten und sie ins Heim steckten.

„Magst du uns bitte erzählen, worum es im ersten Buch Moses ging?“, fragtc Schwester Ruth.

Sophia schluckte. Ihr langes braunes Haar flog durch die Luft, als sie sich hilfesuchend umsah, aber kein Kind gab auch nur einen Ton von sich.

Anna beobachtete, wie Sophia kreidebleich wurde, sie sah aus wie eine lebende Tote.

„Tut... tut mir leid ,.. das weiß ... ich nicht ... mehr ... Schwester Ruth, stammelte Sophia.

„Du kommst nach dem Gottesdienst unverzüglich in mein Büro hast du mich verstanden?", sagte Schwester Ruth.

Sophia schluckte, Anna konnte sehen, wie das

Mädchen zitterte. Ob es vor Angst oder vor Kälte zitterte, konnte Anna jedoch nicht sagen. Sie hörte Sophia flüstern: „Ja Schwester Ruth.“

„Ich habe dich nicht verstanden, sprich lauter.“, sagte Schwester Ruth.

„Ja Schwester Ruth.“; sagte Sophia.

„Du kannst dich setzen und noch etwas ich dulde kein schlafen beim Gottesdienst. Und jetzt hört zu, ich lese aus dem zweiten Buch Mose Kapitel 1 vor. Morgen früh werde ich euch abfragen, was ihr gehört habt und wehe der von euch, die sich nicht an meine Lesung erinnern kann.“, sagte Schwester Ruth.

Anna erschauderte.

Nächstes Kapitel

Das Volk Israel in Ägypten: Unterdrückung und Befreiung
Kapitel 1 - 15

Der Sklavendienst Israels in Ägypten
→ 5Mo 26,5-6; Apg 7,18-19

1

1 Und[1] dies sind die Namen der Söhne Israels, die nach Ägypten gekommen waren; sie

kamen mit Jakob, jeder mit seinem Haus[2]: 2 Ruben, Simeon, Levi und Juda; 3 Issaschar, Sebulon und Benjamin; 4 Dan und Naphtali, Gad und Asser. 5 Und die ganze Nachkommenschaft Jakobs betrug damals 70 Seelen. Joseph aber war schon [vorher] in Ägypten.

6 Und Joseph starb und alle seine Brüder und jene ganze Generation. 7 Aber die Kinder Israels[3] waren fruchtbar, regten und mehrten sich und wurden so zahlreich, dass das Land von ihnen voll wurde.

8 Da kam ein neuer König auf über Ägypten, der nichts von Joseph wusste. 9 Der sprach zu seinem Volk: Siehe, das Volk der Kinder Israels ist zahlreicher und stärker als wir. 10 Wohl an,

lasst uns kluge Maßnahmen gegen sie ergreifen, dass sie nicht zu viele werden; sie könnten sonst, wenn sich ein Krieg erhebt, womöglich zu unseren Feinden übergehen und gegen uns kämpfen und aus dem Land ziehen!

Nach dem Gottesdienst gingen alle Kinder zurück an die Arbeit, bis auf Sophia.

Als Anna über den Flur huschte, hörte sie ihre Freundin Sophia schreien und das klatschende Geräusch der Peitsche. Anna schloss die Augen. Im Geiste wiederholte sie ständig die Worte aus dem zweiten Buch Moses Kapitel 1, denn sollte die Ordensschwester sie morgen

dran nehmen, wollte sie ihr keinen Grund geben sie zu züchtigen.

Kapitel 6

Feldarbeit

Anna stand mit einigen anderen Kindern auf dem Feld und jätete Unkraut. Einige Ordensschwestern standen hinter ihnen, um die Arbeit zu überwachen. Annas Kopf schmerzte, ein weiterer Hustenanfall überfiel sie. Auch Sophia hustete fast durchgehend. Was war los? Hatte sie sich bei den anderen Heimkindern angesteckt? Bei Sophia vielleicht? Oder lag das an den Tabletten, die sie nehmen musste? Sie hatte mal gehört, dass Medikamente auch Nebenwirkungen haben konnten. Ihr Mund war trocken, außerdem war ihre Nase verstopft, sodass sie nur durch den Mund atmen konnte. Sie hustete, im Takt mit den anderen Kindern, während sie sich bückte, um auch jedes noch so kleinen Fitzelchen an Unkraut zu erwischen. Möhren, Kohlrabi, Salat und Rotkohl wurden in diesem Garten von ihnen angebaut immer unter der strengen Aufsicht der Nonnen, die jede noch so kleine Unregelmäßigkeit aufs Strengste bestraften. Anna versucht,e sich so gut es ging auf die Arbeit zu konzentrieren. Sie zupfte, so schnell es ihre müden Knochen zuließen. Ihr Bauch zog sich schmerzhaft zusammen. Ihr war schlecht, sie hatte das Gefühl sich übergeben zu müssen. In der letzten Nacht hatte sie kein Auge zubekommen. Die Striemen auf ihrem Rücken brannten, die Blasen an ihren Fingern pochten wie wahnsinnig. Ihre Augen tränten, sodass sie alles nur verschwommen wahrnehmen konnte. Mit einer Spitzhacke in den Händen lockerte Anna die Erde auf, dann musste sie sich bücken und das grüne Zeug samt Wurzel herausziehen. Ihr Rücken schmerzte. Anna achtete darauf, dass sie das Unkraut immer sofort mitsamt der Wurzel entfernte. Ansonsten setzte es Prügel. Wie Geier schritten die Ordensschwestern zwischen den Beeten entlang, um jede noch so kleine Unachtsamkeit zu sanktionieren. Anna arbeitete, so schnell sie konnte, vielleicht gelang es ihr heute, der Peitsche zu entfliehen? Ihr ganzer Körper juckte, Quaddeln hatten sich auf ihren Armen und ihren Handgelenken gebildet. Anna nieste. Außerdem bekam sie jetzt ein weiteres Medikament, welches angeblich die Symptome lindern sollte, das hatte zumindest Dr. Bauer gesagt, als sie ihr dieses Medikament gestern verordnet und irgendetwas auf ihr Klemmbrett notiert hatte. Bisher schien es jedoch nicht zu wirken. Auf ihre Frage hin, warum sie so viele Medikamente schlucken musste, obwohl sie doch gar nicht krank war, hatte sie nicht geantwortet. Aber sie war nicht die Einzige, die Medikamente schlucken musste, alle Kinder bekamen Pillen warum und wieso wusste keine von ihnen. In einem unbeobachteten Moment hatte sie ein paar der anderen Heimkinder gefragt, aber keine Antwort erhalten. Die Nonnen meinten nur, dass die Medikamente ihnen guttäten. Aber Anna glaubte das nicht. Warum hatte sie denn, als ihre Eltern noch lebten nie Tabletten schlucken müssen? Annas Magen knurrte. Die Umgebung vor ihren Augen verschwamm. Was war das? Warum nahm sie plötzlich, alles nur noch verschwommen war? Wurde sie blind? Das Herz in ihrer Brust raste und Annas Nackenhaare richteten sich auf. Sie wollte nicht blind werden. Ein Schlag riss sie aus ihren Gedanken. Ein Schmerzenslaut entwich ihrer Kehle.

„Ein wenig Beeilung bitte, wir haben nicht den ganzen Tag Zeit du faules Luder.“

„Sehr wohl Schwester Ruth.“, antwortete Anna und steigerte ihr Tempo. Sie versuchte, die Schmerzen ihres Körpers so gut es ging zu ignorieren und war selbst überrascht, dass ihr dies gar nicht so schlecht gelang. Manche Kinder schrien auf, wenn der Rohrstock auf ihren Rücken niedersauste, aber den meisten Kindern kam nicht mal ein leises Stöhnen über die Lippen. Weil sie es gewohnt waren, schoss es Anna durch den Kopf, weil sie den Alltag bereits seit Jahren kennen. Würde sie selbst auch irgendwann so abgestumpft sein, dass ihr die Schläge nichts mehr ausmachten? Wie lange dauerte so etwas? Annas Augen füllten sich mit Tränen, als ein weiterer Hieb sie zur Eile antrieb. Sie stöhnte. Neben ihr schrie ein weiteres Kind auf, aber Anna hatte keine Zeit darauf zu achten. Schweiß lief ihren Nacken hinab, sie kniff die Augen zusammen, sie hatte Mühe, Unkraut von Nutzpflanzen zu unterscheiden, alles sah irgendwie gleich aus. Wurde sie blind? Das Herz schlug ihr bis zum Halse, alles nur das nicht dachte sie, wie sollte sie ohne Augenlicht in der Welt zurechtkommen. Ihre Hand Augenkoordination schien ebenfalls beeinträchtigt zu sein. Was hatte das alles zu bedeuten? Eine Träne lief ihre Wange hinab. Sollte sie die Nonnen auf ihre Beschwerden ansprechen? Lieber nicht, wahrscheinlich würden sie nur glauben, dass sie sich von der Arbeit drücken wollte und sie umso stärker bestrafen. Sie musste durchhalten, zumindest bis zum Mittagessen. Ein weiterer Hieb sauste auf ihren Rücken herab.

„Was ist los mit dir? Wenn du nicht bald arbeitest, so wie die anderen Kinder auch, werde ich dir Beine machen.", sagte Schwester Ruth.

Der Ton in ihrer Stimme ließ Anna frösteln, noch einmal mobilisierte sie all ihre Kräfte. Wann gab es endlich etwas zu essen? Wie lange standen sie schon auf dem Feld und wie spät war es? Annas Magen knurrte, obwohl sie keinen richtigen Appetit hatte.

„Zu Befehl Schwester Ruth.", sagte Anna, während sie versuchte, sich so gut sie konnte auf ihre Aufgabe zu konzentrieren. Oben am Himmel zog ein Falke seine Bahnen, doch keiner der Kinder hatte Zeit oder riskierte es auch nur für wenige Sekunden mit der Arbeit innezuhalten. Kurz nach dem Schrei des Falken brach Anna zusammen, sie war fertig, sie konnte einfach nicht mehr. Ein Schlag ließ sie aufschreien.

„Auf die Beine mit dir, du faule Ausgeburt der Hölle. Geh gefälligst zurück an die Arbeit oder du erhältst kein Mittagessen.", sagte Schwester Ruth.

Die Worte trafen Anna härter als die Peitsche. Sie hatte nicht den leisesten Zweifel daran, dass die Nonnen ihre Drohung wahr machen würden. Ihr Bauch zog sich schmerzhaft zusammen. Ihr war schlecht und sie hatte das Gefühl sich jede Sekunde übergeben zu müssen. Anna würgte, aber außer Schleim und Galle kam nichts, konnte auch gar nicht, da sie seit gestern Morgen weder essen noch trinken erhalten hatte. In der Ferne sah sie einen

Bussard. Wäre sie doch selbst ein Vogel, dann wäre sie frei und könnte sich wie der Bussard mit ihren Flügeln in die Lüfte erheben und davon fliegen. In ein fernes Land, vielleicht ans Meer. Dann könnte sie im Wasser spielen oder eine ihre beste Freundin Inga besuchen und ihr beim Spielen zuschauen. Inga fehlte ihr, wie oft hatte sie mit Inga verstecken gespielt oder im Zimmer eine Höhle mit alten Decken und Kissen gebaut? Bei dem Gedanken an ihre Freundin Inga wurde ihr warm ums Herz. Was machte Inga wohl jetzt gerade, saß sie in der Schule und lernte oder war sie zu Hause bei ihrer Mama und spielte im Garten mit ihren Puppen? Anna stöhnte, als die Ordensschwester auf sie zutrat und ihr erneut die Peitsche zu schmecken gab. Heute Abend würde sie garantiert auf dem Bauch schlafen müssen. Sie sah einen Marienkäfer auf einem Kleeblatt und lächelte, es waren Momente wie diese, die ihr die Kraft gaben die Arbeit und die Schläge auszuhalten und nicht zusammen zu brechen. Am Liebsten hätte sie den Marienkäfer mit ins Heim geschmuggelt, aber sie wollte sich lieber nicht ausmalen, was die Nonnen ihr antun würden, wenn sie dahinter kämen, dass sie ein Tier ins Heim schmuggelte. Ein weiterer Hustenanfall überfiel Anna, während ihre Wirbelsäule schmerzte und die Striemen auf ihrer Haut brannten. Anna hatte das Gefühl gleich wahnsinnig zu werden. Sie hätte vor Schmerzen die Wände hochgehen können.

„Los bring das Werkzeug weg, Zeit fürs Mittagessen.", sagte Schwester Susanne.

Anna atmete erleichtert auf, ihre Kleider waren schweißnass. Sie glaubte jedoch nicht, dass sie auch nur einen Bissen herunter bekommen würde.

Kapitel 7

Mittagessen

Der große Speisesaal bot Platz für 400 Kinder, die in diesem Heim verwahrt wurden. Das Mittagessen und der Gottesdienst waren die einzigen Aktivitäten, wo alle Kinder zusammenkamen. Der Speisesaal hatte große Fenster, 100 Tische, an denen je vier Kinder sitzen konnten, füllte den Raum. An ihnen standen je vier niedrige Stühle, die hart wie Stein waren. Die Wände waren mit weißer Raufasertapete beklebt, ein riesiger Kronleuchter mit 40 Birnen hing von der Decke herab. Eine Heizung gab es nicht, das gesamte Gebäude wurde nicht beheizt, bis auf die Büros und Schlafräume der Nonnen.

Die Schlafkammern der Nonnen lagen auf der anderen Seite des Gebäudes. Jede Ordensschwester besaß ein Radio und ein Schwarz – Weißfernsehgerät, um sich die Nachrichten ansehen zu können. Das Gerät wurde mit Hilfe einer Zimmerantenne in Betrieb genommen. Es gab ARD sowie den Sender NRW TV mit Nachrichten aus der Region und Serien. Im Abendprogramm liefen Spielfilme und Krimis. Meisten war ab elf Uhr Schluss, dann konnten die Nonnen nicht mehr als Schneegestöber auf der Mattscheibe sehen. Der Staat zahlte für jedes Kind einen Betrag von 5.000 DM im Monat für Logie, Verpflegung, Kleidung, darüber hinaus wurde sie von der katholischen Kirche mit einem Betrag 1.500 DM pro Kind unterstützt. Was jedoch weder der Staat noch die Kirche wusste, war dass Schwester Ruth und ihre Kollegen weitere Einkünfte aus der Pharmaindustrie bezogen, dieses Geld ließen sie auf ein Schweizer Nummernkonto transferieren. Alle Kinder kamen im Speisesaal zusammen. Anna war schlecht. Sie war kreidebleich. Sie sah aus wie eine lebende Tote. Ihre Hände zitterten, als sie sich auf den dunkelbraunen Eichenstuhl niederließ. Sie konnte jeden Knochen und Muskel ihres Körpers spüren. Als alle Kinder und Erzieherinnen im Speisesaal eingetroffen waren, erhob sich Schwester Ruth von ihrem Platz und sprach: „Erhebt euch, lasset uns beten.“

Schweigend erhoben sich die Kinder. Es war so still, dass man eine Stecknadel hätte fallen hören können.

„Lasset uns beten.", erschallte Schwester Ruth Stimme durch den Speisesaal, dann bekreuzigte sie sich. Die Kinder zuckten zusammen und machten es ihr nach.

„Vater unser der du bist im Himmel....", sagte Schwester Ruth, während alle Kinder die Worte der Leiterin wiederholten.

„Setzen.", sagte Schwester Ruth. Die Kinder beeilten sich, diesem Befehl unverzüglich Folge zu leisten. Anna hustete, sie hatte das Gefühl sich jede Sekunde übergeben zu müssen. Ihr Magen zog sich zusammen, als das Essen aufgetischt wurde. Es war ruhig, kein einziges Kind sagte etwas oder wagte es, auch nur leise zu flüstern. Alle Kinder schauten zu Boden, aber und das fiel Anna erst jetzt auf, war nicht nur beim Essen der Fall, sondern ständig. Keines der Kinder wagte es, zu auch nur einen leisen Piep von sich zu geben oder zu husten. Sie haben Angst, schoss es Anna in den Kopf und sie konnte es nachempfinden. Sie selbst lebte, seit sie hier angekommen war, in ständiger Furcht vor den Ordensschwestern. Keines der Kinder hatte sie begrüßt oder war auf sie zugekommen. Aber das traf auch auf sie selbst zu. Seit sie hier war hatte keines der Kinder auch nur zehn Wörter von sich gegeben. Was ebenfalls auffällig war, das keine von ihnen zur Schule musste. Als ihre Eltern starben, war sie gerade in die zweite Klasse gekommen, aber hier musste kein Kind in die Schule. In diesen Mauern sind wir die Arbeitstiere und haben zu funktionieren, wie die Nonnen es wollen. schoss es Anna in den Kopf. In diesen Mauern galt arbeiten und beten, arbeiten und beten. Anna schluckte, als das Mittagessen aufgetischt wurde. Es war eine undefinierbare Masse von zusammen gewürfelten was auch immer? Wurde dieses Zeug nicht auch den Schweinen zum Fraß vorgeworfen? Es roch wie Gülle. Wie sollte sie diesen Schweinefraß nur hinunter bekommen? Sie hatte eh keinen Appetit. Was geschah wohl, wenn sie nicht mehr arbeiten konnten? Anna wollte sich das lieber nicht vorstellen. Ihr Bauch schmerzte und Anna vernahm ein Grummeln in der Magengegend. Ihre Haut juckte, auch wenn die Quaddeln langsam nachließen. Was waren das überhaupt für Pillen? Wofür benötigte sie die Medikamente? Man hatte es ihr nie gesagt, auf ihre Nachfrage hin hatte sie nur die Antwort erhalten, dass ihr die Medikamente guttäten. Aber Anna bezweifelte, das immer mehr je länger sie hier war. Waren die Tabletten schuld an dem Ausschlag auf ihrer Haut und daran, dass sie sich so elend fühlte? Anna schaute kurz von ihren Teller, alle Kinder aßen schweigend diese undefinierbare Pampe. Wie gelang es ihnen nur, nicht alles über den Tisch zu spucken? Neben dem Teller lagen zwei orange Pillen, die sie nach dem Essen nehmen sollte. Wofür diesen

Pillen gut waren, hatte man ihr nicht gesagt. Man hatte ihr nur gesagt, dass sie sie brauchte und dass die Medikamente ihr guttaten. Anna bezweifelte das.

Anna nahm einen Löffel zu sich und steckte die undefinierbare Masse in den Mund. Alles in ihrem Innerem zog sich zusammen, als sich der Geschmack dieses Schweinefraßes auf ihre Zunge legte. Ein Hustenreiz überfiel sie, doch Anna gelang es, in letzter Sekunde diesen Impuls zu unterdrücken. Sie würgte den Fraß hinunter und nahm einen weiteren Löffel. Der Saal um sie herum schien sich zu drehen. Ihre Hände zitterten leicht, als sie den Löffel zum Mund führte. Ihr Po schmerzte, die Striemen brannten unnachgiebig, aber Anna verzog keine Miene, wie hielten die anderen Heimkinder dieses Leben nur aus? Fragte sie sich. Sie hatte den Teller halb geleert, als sich ihr Mageninhalt langsam einen Weg hinauf durch ihre Kehle bahnte. Ein säuerlicher Geschmack legte sich auf ihre Zunge, Sekunden bevor sie auf den Teller kotze. Eine graugrünliche Masse durchzogen von einer weißen Flüssigkeit lag auf ihrem Teller. Ein säuerlicher Geruch stieg Anna in die Nase. Schwester Ruth erhob sich, von ihrem Stuhl trat hinter Anna und verpasste ihr einen Schlag auf den Hinterkopf, wobei sie sagte: „Mische es unter das Essen und dann iss weiter."

Ihre Stimme war schneidend. Anna konnte kaum glauben, was sie hörte, aber sie tat, was

Schwester Ruth von ihr verlangte. Anna mischte ihre Kotze unter den Fraß. Hatte sie die Nonne richtig verstanden? Sollte sie ihr Erbrochenes wirklich...? Anna sah zu ihrer Freundin Sophia hinüber, die ihr einen mitleidigen Blick schenkte. Ein Schlag auf dem Hinterkopf machte ihr bewusst, dass die Ordensschwester es ernst meinte. „Fang an zu essen du ungezogene Ausgeburt des Satans. Hier wird kein Essen vergeudet." Die Kinder zuckten beim Ton ihrer Stimme unwillkürlich zusammen. Anna hob etwas dieser grünlichen Masse auf den Löffel und führte ihn langsam zum Mund.

Anna hatte das Gefühl, dass alle einschließlich der anderen Kinder sie anstarrten. Ihre Blicke bohrten sich wie kleine glühende Nadelstiche in ihre Haut. Am Liebsten wäre sie im Erdboden versunken. Anna schloss die Augen, als sie den Löffel zwischen ihre Lippen steckte und sich der säuerliche Geschmack ihres erbrochenem auf ihre Zunge legte. Sie verzog angewidert das Gesicht. Sie hatte das Gefühl sich jede Sekunde ein weiteres Mal übergeben zu müssen. Ein Brechreiz breitete sich in ihrer Kehle aus, Anna würgte und hielt sich eine Hand vor den Mund. *Bitte bleib drinnen*, dachte sie, als sie es hinunterwürgte. Anna steckte den Löffel ein weiteres Mal in die Schüssel und führte den Löffel anschließend zum Mund. Sie verzog angewidert das Gesicht, als sich der säuerliche Geschmack ein weiteres Mal auf ihre Zunge legte. Sie schluckte, dieses Mal bekam sie es leichter herunter.

„Du isst so lange weiter, bis der Teller leer ist.", sagte Schwester Ruth und drückte zu. Ein leises Stöhnen entwich ihrer Kehle, als sich Schwester Ruths Finger erbarmungslos in ihre Haut gruben und ihr Schlüsselbein malträtierten.

Anna steckte den Löffel in die Pampe, ihre Hände zitterten. Anschließend führte sie den Löffel langsam zum Mund.

Kapitel 8

Die Kammer

Anna stand wie jeden Abend neben ihrem Bett, als die Schwester Ruth und Schwester Susanne den Schlafsaal betraten. Ihre Haut juckte wie Hölle, aber sie durften sich nicht kratzen. Auf ihrer Haut hatten sich entzündete Stellen, gebildet, aus denen Eiter und andere Flüssigkeiten heraustraten.

„Lasset uns beten.", rief Schwester Ruth.

Anna kniete sich mit gefalteten Händen neben ihrem Bett, die Ellenbogen auf der dünnen

Matratze abgestützt, den Kopf zu Boden gesenkt. Das alles geschah schon fast automatisch. *Wir funktionieren nur noch wie Maschinen,* dachte Anna.

„Vater unser der du bist im Himmel, geheiligt werde dein Name..., rief Schwester Ruth.

Als sie geendet hatte sagte sie:"Aufstehen."

Die Kinder erhoben sich und standen stramm den Blick zu Boden gerichtet. Wie die Geier schritten die Nonnen durch die Reihen um zu kontrollieren, ob die Betten anständig gemacht waren. Den Rohrstock in der Hand, um selbst das kleinste Vergehen zu bestrafen. Ecke musste auf Ecke liegen, das Kopfkissen hatte am Kopfende genau mittig auf der Matratze zu liegen. Nicht die kleinste Falte durfte in der Bettdecke zu sehen sein. Auch durfte die Bettdecke nie das Gitter des Fußendes berühren. Die Nonnen hoben die Bettdecke hoch und fuhren mit den Fingern über die Matratze um zu kontrollieren, ob sich jemand von ihnen letzte Nacht eingenässt hatte. Es war so ruhig, dass man eine Stecknadel hätte fallen hören können.

„Was ist das?", zerschnitt Schwester Ruth Stimme die Stille. Anna riskierte einen flüchtigen Blick und sah wie Schwester Ruth Sophia drangsalierte, weil sie eine kleine Falte in der Bettdecke entdeckt hatte.

„Bitte Schwester Ruth es tut mir leid, ich...ich...ich ha.. habe die Falte nicht bemerkt.", sagte Sophia.

„Dreh dich um und zieh dein Nachthemd aus.", sagte die Oberschwester.

Zitternd zog Sophia ihr Nachthemd über den Kopf. Anna spürte einen leichten Druck auf ihrer Blase. Was sollte sie jetzt tun? Sie durfte nicht mehr auf die Toilette. Sollte sie die Nonnen fragen? Lieber nicht, sie wollte nicht die Nächste sein. Sie würde es aushalten, die ganze Nacht, wenn es sein musste. Die Oberschwester hob den Rohrstock und schlug zu. Anna zuckte bei jedem Klatschen unwillkürlich zusammen, als ob sie es selbst wäre, die die

Strafe erleiden musste. Sophia sagte nichts, nicht ein Laut kam über ihre Lippen. Ihre Miene war ausdruckslos, was darauf schloss, dass sie schon des Öfteren diese Prozedur über sich ergehen lassen musste. Und wenn Anna an die Striemen zurückdachte, die Sophia ihr am ersten Morgen gezeigt hatte, überraschte sie das absolut nicht. Ihr Rücken war mit älteren Striemen verziert, so wie es hier bei jedem Kind der Fall war. Anna trat abwechselnd von einem Bein aufs andere, während der Druck in ihrer Blase sich mit jeder verstrichenen Minute verschlimmerte. Das Klatschen des Rohrstockes hallte durch den Saal. Als sie die Nonne fertig war, betrachtete sie ihr Werk und grinste. Blutrote Striemen überzogen den Rücken ihrer Freundin. Anna konnte deutlich die Schadenfreude in Schwester Ruth Gesicht sehen. Schwester Ruth grinste. Wortlos zog Sophia ihr Nachthemd wieder über. Nicht eine Träne lief über ihre Wangen. Anna ballte die Hände zu Fäusten, am Liebsten wäre sie auf die Ordensschwester losgegangen, aber was hätte das geändert? Außerdem wollte sie nicht die Nächste sein. Anna hüpfte abwechselnd von einem Fuß auf den anderen. Wie lange konnte sie ihre Notdurft noch zurückhalten? Was sollte sie tun? Anna biss sich auf die Unterlippe. Bitte nicht, nicht vor allen Kindern und erst recht nicht vor den Nonnen, dachte sie. Sie spürte, wie ein kleiner Tropfen Urin in ihrer Unterhose landete. Anna biss sich auf die Unterlippe. Sie wusste nicht, wie lange sie ihre Notdurft noch zurückhalten konnte, dann fragte sie: „Entschuldigen Sie bitte Schwester Ruth ich habe da eine Frage."

Schwester Ruth drehte sich um und sah Anna mit funkelnden Augen an,

„Was willst du?"

„Könnte ich bitte noch einmal auf die Toilette, ich muss wirklich ganz dringend."

„Du kennst die Regeln, das ist nicht unser Problem.", sagte Schwester Ruth und verpasste Anna für die Frage eine schallende Ohrfeige. Anna sah die Nonne ein paar Sekunden völlig ungläubig an. Jetzt konnte sie sich nicht mehr zurückhalten und ließ es laufen. Am Liebsten wäre sie im Erdboden versunken, als sie vor allen Kindern ihre Blase entleerte.

„Du verdammte Ausgeburt der Hölle, dir werde ich helfen.", sagte Schwester Ruth und verpasste Anna eine weitere Ohrfeige. Anna senkte den Blick. Schwester Ruth Finger zeichneten sich deutlich an ihrer linken Wange ab. Anna gab keinen Laut von sich. Ihr Ohr hatte sich von weiß zu feuerrot verfärbt. Sie konnte die Blicke der anderen Kinder fast auf ihrer Haut spüren.

„Beweg deinen Arsch und mach die Schweinerei hier weg na los.", sagte die Oberschwester und verpasste ihr einen Hieb mit dem Rohrstock. Anna stöhnte und beeilte sich Schwester

Ruths Aufforderung, nachzukommen. Anna holte einen Lappen und einen Eimer aus der Kammer, in welcher die Putzmittel aufbewahrt wurden, und befüllte ihn mit Wasser. Es fühlte sich seltsam, an mit einer feuchten Unterhose rumlaufen zu müssen. Anna selbst fand es widerlich. Der Geruch ihres eigenen Urin stieg ihr in die Nase und ließ sie würgen. Sie kehrte in Schlafsaal zurück und begann ihr Missgeschick auf den Knien wegzuwischen. Ein Schlag mit dem Rohrstock ließ sie aufstöhnen.

„Beeilung bitte, du wirst heute Abend in der Kammer schlafen hast du verstanden?", sagte Schwester Susanne.

Anna nickte, während sie sich bemühte den

Boden sauber zu bekommen. Vor und zurück, vor und zurück. Anna rutschte das Herz in die Hose. Kammer schoss es ihr in den Kopf. Sie hatte von den anderen Kindern gehört, dass es so etwas wie eine Kammer gab, wo sie hinmussten, wenn sie böse waren. Was es aber mit dieser Kammer auf sich hatte, wusste sie nicht. Anna hatte versucht herauszubekommen wer oder was diese ominöse Kammer war, hatte von den anderen Kindern aber keine Antwort erhalten. Sie hatten alle sofort zugemacht, wenn Anna sie danach fragte. Weißer Schaum quoll zwischen ihren Fingern hervor und der Geruch von Putzmittel erfüllte den Schlafsaal.

„Aufstehen, bring den Eimer weg und ein bisschen Beeilung wenn ich bitten darf.", sagte die

Oberschwester und verpasste Anna einen weiteren Hieb mit dem Rohrstock. Anna stöhnte. Ihre Haut platze und blutrote Striemen zierten ihren Rücken.

Anna erhob sich und tat, wie ihr befohlen wurde.

„In den Keller mit dir, du kleines schmutziges Biest.", sagte Schwester Susanna, nachdem Anna den Eimer geleert und weggebracht hatte.

Anna schluckte, sie hatte von den anderen Kindern erfahren, dass sie manchmal, wenn sie ungezogen waren, in die Kammer gesperrt wurden. Aber was die Kammer war und wo sich die Kammer befand, hatte ihr keines der Kinder beantwortet. Sie meinten nur, es wäre ein kleiner dunkler Raum. Jetzt würde sie selbst diesen Raum kennenlernen.

Was sollte sie tun?

„Bitte Schwester Susanne, es tut mir leid, bitte stecken Sie mich nicht in die Kammer.", sagte Anna, während ihr heiße Tränen über die Wangen liefen.

Die Nonne ergriff Annas Arm und zerrte sie über den grünen Linoleumboden. Bis zu einer braunen Tür. Anna schlug das Herz bis zum Halse. Was erwartete sie dahinter? Schwester Susanne stieß die Tür auf und schaltete das

Licht an. Eine einzelne Lampe flackerte auf und tauchte die Stufen, die hinab in den Keller führten in fahles Licht. Anna wurde die grauen Stufen hinabgezerrt. Die Stufen bestanden aus massiven Stein. Anna hatte Mühe, Schwester Susanne zu folgen. Anna wankte, fast hätte sie das Gleichgewicht verloren, wäre es ihr nicht in letzter Sekunde gelungen das rostige Treppengeländer zu umklammern. Die Steine waren kalt. Der Boden war feucht. Sie kamen an einer riesigen Pfütze vorbei, die auf dem Boden lag. Die Nonne wich ihr geschickt aus, während sie Anna wie ein lästiges Anhängsel hinter sich her schleifte. Anna hörte ein Rascheln und ihre Nackenhaare richteten sich auf.

Ihre Kehle war wie zugeschnürt als Schwester

Susanne mit ihr auf eine große Eichentür zusteuerte. Wollte sie sie...?

„Bitte nicht, Schwester Susanne, es tut mit leid, bitte sperren Sie mich nicht da rein.“. sagte Anna, während ihr Tränen über die Wange liefen. Anna sah, wie die Nonne einen Schlüsselbund unter ihrer Tracht hervorholte. Sie steckte einen der Schüssel ins Schloss und öffnete die Tür.

„Geh da rein.“, sagte Schwester Susanne und stieß sie in die Kammer. Sie schlug die Tür hinter Anna zu und verschloss sie. Anna erschauderte, als sie das Klicken des Schlüssels hörte. Das konnte doch nicht wahr sein. War das ein Traum? Sie drehte sich um, hämmerte mit den Fäusten gegen das Holz und schrie: „Bitte, bitte lassen Sie mich raus, bitte lassen Sie mich wieder raus.“

Heiße Tränen liefen ihre Wange hinab. Anna drehte sich um und sackte zusammen. Ein leises Wimmern entwich ihrer Kehle. Die Kammer war vielleicht zwei Quadratmeter groß. Ein alter Blecheimer und eine Rolle Klopapier standen in der hinteren Ecke. Ein kleines vergittertes Fenster ließ ein wenig Licht hinein. Unter der Tür war eine Klappe angebracht, damit man ihnen etwas zu essen und zu trinken reichen konnte. An Gegenstände enthielt der Raum nichts, nicht mal eine Matratze lag auf dem kalten Betonboden. Anna bemerkte, dass jemand Striche in die Wand geritzt hatte.

III.

III. III

III. III. III. III. III

III. III. III. III. III. III. III

Anna zählte die Striche. 21 Striche in der unteren Reihe. Hatten die Nonnen tatsächlich Kinder einundzwanzig Tage am Stück hier unten eingesperrt? Wie lange wollte man sie hier drin lassen? Wollte man sie etwa auch so lange hier unten lassen? Das würde sie nicht durchhalten. Anna sah eine Spinne, die mit ihren langen Beinen langsam die Wand entlang krabbelte. Ihr dicker Oberkörper war mit braunen Haaren bedeckt. Anna wich vor Schreck einige Schritte zurück und schloss die Augen. Bitte nicht, bitte tu mir nichts. Als sie die Augen wieder öffnete, war die Spinne verschwunden. Anna zog sich in die hintere Ecke des Raumes zurück, zog die Knie an und umschlang sie mit ihren Armen. Langsam begann sie zu wippen vor und zurück, vor und zurück. Kurz darauf schlief sie ein.

In der Nacht hatte Anna einen seltsamen Traum. Anna saß auf einem Stuhl, Blitze zuckten vom Himmel herab und tauchten das Heim in gleißendes Licht. Alle Kinder sowie Schwester Susanne und Schwester Ruth standen im Kreis um ihr herum und sahen sie toten Augen an. Dort wo ihren Augen sein sollten, waren schwarze Höhlen. Ihre Gesichter waren eingefallen und so bleich, dass sie fast wie lebende Leichen aussahen. Schwester Ruth hielt ein Messer in der Hand. Die Klinge des Messers funkelte im Mondlicht. Anna stockte der Atem, das Herz in ihrer Brust schlug so schnell, dass sie befürchtete, jede Sekunde einen Herzanfall zu erleiden. Schwester Ruth verzog das Gesicht zu einem breiten Grinsen, worauf eine Reihe schwarzer Zähne zum Vorschein kamen. Ihr fauliger Atem schlug Anna entgegen und ließ sie würgen, während sich das Nonnenwesen ihr langsam näherte. Mit weit aufgerissen Augen starrte Anna das Wesen an. Ihre Haut war kreidebleich und kalter Schweiß floss ihr von der Stirn. Die Klinge des Messers in Schwester Ruth Hand glühte, als ob jemand die Klinge in heiße Kohle getaucht hatte. Das Nonnenmonster ließ ein schallendes Gelächter erklingen, welches Anna durch Mark und Bein fuhr. Anna presste sich so weit wie möglich in den Stuhl, sie versuchte zu schreien, brachte aber keinen Ton hervor. Anna war zu einer Salzsäule erstarrt, als sie sah, wie sich das Ding ihr Schritt für Schritt näherte. Das Klatschen ihrer Absätze auf dem Boden ließ sie frösteln und sie spürte, wie langsam die Panik in ihr hochstieg. Was sollte sie tun? Sie musste hier raus so schnell wie möglich, das Monster würde sie mit Haut und Haaren verspeisen. Das Nonnenungeheuer sah sie mit funkelnden

Augen an, während es langsam näher kam. Das glühende Messer verschwand aus ihrem Blickfeld, als Anna die Wärme der Klinge an ihrer linken Wange spürte.

„Vater unser der du bist im Himmel, geheiligt werde dein Name, dein Reich komme...“, sprachen alle Kinder im Chor. Ihre Stimmen waren so laut, dass Anna befürchtete, einen Hörsturz zu erleiden.

Anna wachte schreiend und schweißgebadet auf, das Herz in ihrer Brust raste. Sie atmete schwer. Hier unten würde sie niemand hören. Anna schloss die Augen und seufzte.

Vor ihrem inneren Auge stiegen Bilder aus vergangen Tagen auf. Bilder wie sie gemeinsam mit ihren Eltern Weihnachten verbracht hatte ...

Kapitel 9

Weihnachtsfest Teil 1

Im Radio lief Jingle Bells, während Anna im Wohnzimmer auf den Knien den Boden wischte. Ihre Mutter stand bereits in der Küche und bereitete Hühnersuppe zu. Ihr Papa hatte dafür extra gestern ein Huhn aus dem Hühnerstall genommen und ihm den Kopf abgeschlagen. Überall war Blut gewesen und dann war das Huhn, weil ihre Brüder es nicht richtig festgehalten hatten auch noch ohne Kopf herumgeflogen. Das sah echt lustig aus. Anna lachte, auch wenn das Huhn ihr leid, tat, es konnte ja gar nicht sehen, wo es hinflog. Was war, wenn es gegen einen Baum krachte? Ihre Brüder lachten ebenfalls, sie fanden es lustig. Ihr Vater aber schimpfte: „Könnt ihr nicht aufpassen, seht zu, dass ihr das Huhn wieder einfngt, ihr Tölpel."

Das war jedoch nicht nötig, es dauerte nicht lange, da fiel da Huhn wie ein Stein zu Boden und blieb regungslos liegen. Ihre Brüder hoben den Kadaver auf und halfen ihrem Vater dabei, das Huhn zu rupfen und auszunehmen.

Ihre Brüder waren gemeinsam mit ihrem Vater in den Wald gefahren, um einen Weihnachtsbaum zu schlagen. Wenn sie wieder nach Hause kamen, würden sie den Tannenbaum gemeinsam aufstellen und mit bunten Kugeln und Lametta verzieren. Das machte allen immer ganz großen Spaß und es war eine der wenigen Tätigkeiten, bei der sie alle zusammen waren. Draußen schneite es, weiße Flocken tanzten vor dem Fenster. Im Garten stand ein Schneemann, den sie gemeinsam mit ihren Brüdern gebaut hatte. Karl, so hatte Anna ihn getauft, hatte einen alten Hut ihres Vaters auf dem Kopf und eine Karotte als Nase im Gesicht. Aus Mutters Nähkästchen hatten sie ein paar alte Knöpfe bekommen, die sie für Karls Augen und seinen Mund verwendet hatten. Onkel Karl sah wirklich komisch aus. Ihre Brüder hätten Karl am Liebsten eine Sense statt eines Besens in die Seite gesteckt, aber das hatten Papa und Mama nicht erlaubt. Onkel Karl war doch kein Mörder, sondern ein lieber Schneemann. Leider würde Karl im Sommer wieder verschwinden. Das war schade. Im Winter veranstaltete sie häufig wilde Schneeballschlachten, wobei sie immer darauf achteten, dass es sich bei den Bällen nicht um Eisbälle handelte. Manchmal steckte sie sich den Schnee auch gegenseitig in den Nacken. Es gab nur eines, was Anna nicht mochte und das war, wenn ihre Brüder ihr Gesicht mit Schnee einrieben. Das war sehr kalt und es tat weh. Manchmal spielten ihre Brüder auch Streiche, z. B. riefen sie bei irgendwelchen Leuten an, um sie zu veräppeln, oder sie spielten Klingelmännchen in der Nachbarschaft. Wenn Papa dahinter kam, dass sie Scherzanrufe tätigten, bekamen sie zwei Wochen Hausarrest. Außerdem hatte ihr Papa dann ganz besondere Aufgaben für sie, wie das Auswaschen des Schweinestalles und des Futtertrogs. Anna, selbst machte keine Scherzanrufe, aber Klingelmännchen gemeinsam mit ihrer Freundin, das machte sie schon ab und an. Manchmal schlichen sich ihre Brüder und sie auch in Nachbars Garten, um dort Äpfel oder Birnen zu klauen. Wenn ihre Eltern davon jemals Wind bekamen, konnten sie sich alle auf ein Donnerwetter gefasst machen.

Kapitel 10

Eingesperrt

Anna schlug die Augen auf. Wie lange war sie bereits in der Kammer? Hatte sie geschlafen? Ihr Bauch zog sich schmerzhaft zusammen. Sie musste dringend aufs Klo. Wie spät war es? War es morgens, mittags, abends oder Nacht? Eine Träne floss ihre Wange hinab. Anna wischte sie mit dem Handrücken fort. Wieso? Wieso mussten ausgerechnet ihre Eltern sterben und warum hatte man sie von ihren Brüdern getrennt? Ihre Brüder waren in ein anderes Heim gekommen. Wo genau das wusste sie nicht. Sie konnten sich nicht schreiben. Ging es ihren Brüdern gut oder wurden sie genauso schlecht behandelt wie sie selbst? Sie war gerade erst in die zweite Klasse gekommen, als sie ihre Angehörigen verloren hatte, und hier hatte sie keine Schule. Sie würde also nie richtig lesen oder schreiben können. Wir gerne wäre sie weiter zur Schule gegangen. Sie vermisste ihre Klassenkameraden und Freunde, die alle lesen, schreiben und rechnen konnten. Sie würde das nie können. Hier gab es keinen Schulunterricht. Sie würde immer das kleine Dummchen bleiben. Wie sollte sie je arbeiten und Geld verdienen, wenn sie nicht lesen oder schreiben konnte? Geschweige denn rechnen? Aber in diesem Haus und das war ihr schon am zweiten Tag bewusst geworden, waren sie nicht mehr als Arbeitstiere oder Sklaven, die man ganz nach belieben ausbeuten und schikanieren konnte. Was sollte sie dagegen tun? Gegen die Ordensschwestern hatte sie keine Chance. Was war mit ihren Brüdern? Anna schloss die Augen. Sie hoffte, dass es ihren Brüdern, wo immer sie waren, besser ging als ihr selbst. Bis zu dem Tag, an dem sie ihre Eltern verloren hatte, hatte sie nie an die Existenz von Gott gezweifelt. Aber heute glaubte sie nicht mehr daran, dass so etwas wie einen Gott gab. Wenn es einen Gott gab, warum nahm er ihr ihre Eltern? Warum trennte er sie von ihren Brüdern? Und warum hatte Gott es zugelassen, dass man sie an einen so furchtbaren Ort gebracht hatte? Warum ließ Gott es zu, dass man sie schlug, und demütigte bei jeder Gelegenheit? Hatte

Gott sie etwa nicht lieb? Hatte sie im Leben etwas falsch gemacht, wenn ja was war es? War sie vielleicht tatsächlich die Ausgeburt des Satans und nicht ein Geschöpf Gottes, wie die Nonnen behaupteten? Wenn ja dann sollten sie sie besser gleich töten, das war immer noch besser, als Tag ein und Tag aus von den Nonnen angeschnauzt und gedemütigt zu werden. Sie musste hier raus, aber wohin sollte sie gehen? Hier bekam sie etwas zu essen und sie hatte ein Dach über dem Kopf. Annas Bauch zog sich schmerzhaft zusammen. Der Geruch ihrer Fäkalien stieg ihr in die Nase und ließ sie würgen. Vielleicht wurde sie ja bald von jemanden adoptiert? Einer Familie, in der sie Liebe und Geborgenheit finden konnte? Vielleicht hatten ihre Brüder inzwischen auch eine neue Familie gefunden? Hoffentlich fand sie auch bald einen neuen Vater und eine neue Mutter, die sie über alles liebten. Die untere Klappe, die in der Tür eingelassen war, öffnete sich und zwei Schüsseln wurden hineingeschoben. Eine Schüssel mit Wasser während die andere Schüssel einen undefinierbaren Brei enthielt, der genauso aussah, wie der Fraß, den die Schweine bekamen. Anna ergriff die Schüssel mit Wasser und leerte sie in einem Zug. Anna ließ einen Blick durch den Raum schweifen, die Decke war mit Spinnenweben übersät. Der Gestank ihrer eigenen Fäkalien schien sich im ganzen Raum auszubreiten. Es dauerte nicht lange, bis sich die ersten Fliegen in der Kammer einfanden und ihr improvi siertes WC umkreisten, um sich an ihren Ausscheidungen zu laben. Wie lange war sie bereits hier drinnen? Stunden, Tage oder Wochen? Wie lange wollte man sie noch in diesem Loch versauern lassen? Sie hob die Schüssel und zwang sich den Fraß hinunter zu würgen. Sie musste etwas essen, wenn sie nicht aus den Latschen kippen wollte. Anna erhob sich und begann wie ein Tiger im Käfig auf und ab zu laufen. Sie begann die Schritte zu zählen, die sie benötigte, um den Raum einmal im Kreis zu durchqueren. Eins, zwei, drei, vier, fünf, sechs, sieben, acht, neun, zehn. Anna drehte sich nach rechts um. Eins, zwei, drei, vier, fünf. Sie stand erneut vor einer Wand und drehte sich nach rechts. Eins, zwei drei, vier, fünf, sieben, acht, neun, zehn. Anna wendete sich nach links, ein, zwei, drei, vier...

Sie wusste nicht wie lange sie im Kreis hin und her gelaufen war, eine Stunde oder vielleicht zwei? Nervös kaute sie an ihren Fingernägeln, als sie sich auf den Boden niederließ und anfing hin und her zu schaukeln. Dabei steckte sie sich einen Daumen in den Mund. Sie nuckelte nicht mehr, seit sie drei Jahre alt war, aber jetzt brauchte sie es. Sie brauchte das Gefühl von Geborgenheit. Nie hätte sie sich vorstellen können, dass sie einmal ein Gefühl wie das liebevolle in den Arm genommen wer-den von ihrer Mutter oder ihrem Vater so ver-missen würde. Wie oft hatte sie sich von ihren Eltern und ihren Geschwistern ungerecht be-handelt gefühlt und ihnen schlimme Dinge an den Kopf geworfen? Wie gerne würde sie diese Dinge wieder rückgängig machen. Aber sie konnte nicht, dafür war es zu spät. Ihre Eltern waren im Himmel beim lieben Gott. Ging es ihnen da oben gut? Konnten ihre Eltern sie sehen? Hoffentlich nicht, es würde ihren Eltern das Herz brechen, wenn sie sahen, dass ihr kleiner Engel, in einem kleinen feuchten Kellerraum hockte. Kleiner Engel, so hatte ihre Mutter sie immer genannt, kleiner Engel. Bei dem Gedanken an ihre Mutter wurde Anna ganz warm ums Herz und obwohl alles um ihr herum so grausam war, spürte sie eine Erleichterung. Ihre Mutter hatte mal zu ihr gesagt, sie würde immer bei ihr bleiben. Aber wo war sie jetzt? Anna ballte die Hände zu Fäusten, sie war nicht da. Und ihr Papa war schuld daran, ihr Papa hatte das Auto gefahren und nicht aufgepasst. Anna schlug mit der Faust gegen die Wand, sodass die Haut an ihren Knöcheln zu bluten begann. Anna spürte einen Kloß in ihrem Hals und schluckte. Eine weitere Träne floss ihre Wange hinab. Anna seufzte. Sie vergrub das Gesicht in ihren Händen und weinte.

Kapitel 11

Das Weihnachtsfest

Teil 2

Sie saßen alle gemeinsam am Esszimmertisch. Ein großer Topf Hühnersuppe stand vor ihnen. Die Suppe schmeckte köstlich mit viel Fleisch und Eierstich darin. Dazu Blumenkohl, Möhren und Kohlrabi. Ihre Mami konnte wirklich gut kochen. Alle waren muksmäuschen still. Nur ihre Brüder kicherten ab und zu oder zogen Grimassen. Ihr Vater warf ihnen einen strengen Blick zu. Er musste nichts sagen, sie verstanden ihn auch ohne Worte. Sofort hörten ihre Brüder mit dem Herumalbern auf. Das Essen war köst-

lich, auf dieses Essen freute sich Anna das ganze Jahr über. Morgen würde das Christkind noch einmal bei ihren Großeltern und ihrer Tante vorbeikommen. War ja klar, das Christkind konnte ja auch nicht alle Menschen an einem Abend besuchen. Anna faltete die Hände, wie der Rest der Familie, den Blick zu Boden gerichtet, lauschte sie den Worten des Vaters:

„Lieber Gott wir danken dir, für die zahlreichen Gaben, die du uns geschenkt hast, wir wollen diesen Abend der Geburt den Leib deines fleischgewordenen Sohnes empfangen ausgetragen durch die Jungfrau Maria Magdalena. Segne und behüte uns amen.“

„Amen“, erklang es wie aus einem Mund.

Anna war nervös, normalerweise verging der Tag bei ihnen immer wie im Fluge, da es immer genug Arbeit gab. Aber am Heiligabend kam ihr der Tag fast doppelt so lang vor wie sonst. Im Radio lief das Lied Leise rieselt der Schnee ..., Anna fand die Weihnachtslieder immer ganz toll, sie passten so gut zu dieser festlichen Stimmung. Nachdem sie alle eine Teller Suppe gegessen hatten, servierte ihre Mutter das Hauptgericht. Es gab Gänsebraten mit Petersilienkartoffeln und Rotkohl. Als Beilage gab es einen Gurkensalat frisch aus dem Garten. Als Nachtisch hatte ihre Mutter eine Herrencreme zubereitet. Ihr Vater öffnete eine Flasche Rotwein und schenkte ihrer Mutter und sich selbst ein paar Tropfen ein. Ihre Eltern tranken selten Alkohol und wenn dann nur zu besonderen

Anlässen wie Heiligabend, Ostern oder an Namenstagen. Anna, selbst war so aufgeregt, dass sie kaum einen Bissen hinunter bekam. Aber nach dem Essen mussten sie alle noch das Geschirr wegspülen und die Küche musste ein weiteres Mal gebohnert werden. Anna seufzte, es dauerte noch so lange, bis das Christkind kam. Die Zeit schien heute im Schneckentempo dahinzukriechen. Am Heiligabend halfen alle in der Küche mit. Selbst ihre Brüder die normalerweise eher Arbeiten an der frischen Luft erledigten, wie Schnee fegen, oder Hecke schneiden. Alle halfen an diesem Abend beim Abwasch. Ihre Brüder trockneten das Geschirr ab, während ihre Mutter auf den Knien den Boden der Kühe und des Wohnzimmers schrubbte. Als sie fertig waren, gingen ihre

Mutter und ihren Vater ins Wohnzimmer. Sie hatten heute den ganzen Tag das Wohnzimmerfenster aufgelassen, damit das Christkind auch hereinfliegen konnte. Manchmal überlegte Anna, ob sie nicht mal durchs Schlüsselloch schauen sollte, vielleicht könnte sie so einen Blick auf das Christkind erhaschen? Nur einmal in ihrem Leben wollte sie das Christkind sehen. Aber was war, wenn das Christkind sie bemerkte, dann würde es schnell verschwinden und vielleicht nie wiederkommen, um ihnen tolle Sachen zu bringen. Irgendwann wäre sie selbst Mutter und hätte Kinder, dann würde sie selbst mit dem Christkind sprechen müssen. Ihr Wunsch würde dann in Erfüllung gehen. Anna lächelte. Das Glöckchen erklang. Anna hörte, wie ihre Mutter sagte: „Guten Abend Christkind komm schön rein, willst du vielleicht etwas trinken?“

„Christkindelein, Christkindelein, was bleibst du lange auf...“ ,sangen Anna und ihre Brüder aus voller Kehle, während das Christkind unablässig das Glöckchen läutete. Nervös sprang Anna von einem Bein auf das andere und begann mit ihren Haaren zu spielen. Mit Sicherheit ... ,dachte Anna ... hatten sie den schönsten Weihnachtsbaum auf der ganzen Welt. Sie hatten den Baum mit roten und goldenen Kugeln geschmückt. Anschließend hatten sie an die Zweige Lametta gehangen. Ihre Eltern hatten für diesen Abend eine 100er Lichterkette gekauft. Und auf der Spitze des Tannenbaumes saß ein goldener Engel. Das Christkind, schoss es Anna in den Kopf. Unter dem Weihnachtsbaum stand eine Krippe mit Maria, Josef und dem Jesuskind, welches in Windeln gewickelt in einem Futtertrog lag. Den Futtertrog hatte man mit Stroh ausgefüllt, damit das Jesuskind auch schön weich liegen konnte. Neben Maria, Josef waren in dem Stall noch ein Ochse und ein Esel. Das alles musste ganz schön schlimm für das Jesuskind gewesen sein, da es kein eigenes Bettchen hatte. Immerhin war es der Sohn vom lieben Gott. Wie konnte man Gottes Sohn nur in einem Stall schlafen lassen? Das war so ungerecht. Das Klingeln der Glocke verstummte. Ihre Mutter verabschiedete das Christkind, dann öffnete sie die Wohnzimmertür und lies Anna und ihre Brüder eintreten. Der Weihnachtsbaum leuchtete und überall brannten Kerzen oder leuchteten Lichterketten. Auf dem Tisch stand ein großer Adventskranz, alle vier Kerzen brann-

ten. Sie waren teilweise schon gut herunterge-
brannt. Im Radio lief Morgen Kinder wirds was
geben. Neben der Krippe lagen drei Päckchen.
Ihre Eltern strahlten. Sie gingen aufeinander zu.
Anna nahm ihre Mutter in den Arm und sagte:
„Frohe Weihnachten."

„Das wünsche ich dir auch mein Engel.",
sagte ihre Mutter.

Anschließend umarmte sie ihren Vater und ihre
Brüder und wünschte ihnen allen ein frohes
Fest. Mit strahlenden Augen überreichte ihre
Mutter ihr ein Geschenk und sagte: „Das hat
das Christkind für dich abgegeben, keine
Ahnung, was da drinnen ist."

Annas Herz hüpfte vor Freude. Neugierig öffnete Anna da Päckchen. Langsam entfernte sie

das Geschenkpapier, worauf ein brauner Karton zum Vorschein kam. Als Anna den Karton öffnete, entdeckte sie eine Puppe aus Plastik. Die Puppe trug ein rosafarbenes Kleidchen. Anna hob die Puppe hoch, worauf aus dem Mund der Puppe die Worte Mama kamen. Ihre Brüder hatten beide ein großes Feuerwehrauto vom Christkind bekommen. Papa sah seine Kinder an und sagte: „Stellt euch mal alle mit eueren Geschenken vor dem Baum auf, damit ich ein Foto von euch machen kann...“

Kapitel 12

Beim Arzt

Anna saß zusammengekauert in der Ecke, die Beine angewinkelt. Die Arme um die Schienbeine geschlungen. Ihr Gesicht war ausdruckslos, ihr Blick schien völlig leer. Sie wippte vor- und zurück, vor- und zurück. Wie lang saß sie bereits in der Kammer? Einen Tag oder zwei, eine Woche? Anna warf einen Blick auf die Wand, auf der sie die Striche gemacht hatte, für jeden Tag einen. Zwei Striche standen an der Wand. Ihr kam es wesentlich länger vor. Sie hatte das Gefühl bereits seit einer Woche hier unten zu kauern. Vor und zurück, vor und zurück. Fliegen surrten um ihren Eimer herum. Der Geruch ihrer eigenen Fäkalien vermischt mit ihrem Körperschweiß lag in der Luft, aber Anna nahm den Geruch kaum noch wahr. Die Fliegen und Spinnen waren ihre einzigen Freunde hier drinnen. Anna beobachtete wie eine Fliege langsam ihren rechten Arm hoch krabbelte. Es kitzelte leicht auf der Haut, war aber nicht unangenehm.

„Na du.", sagte Anna, als könnte die Fliege sie verstehen.

Anna hatte Durst, aber ihre Schale mit Wasser hatte sie bereits vor Stunden leer getrunken. Vor dem Morgengrauen würde sie kein neues Wasser bekommen. Wo war denn der Gott, von dem die Nonnen immer redeten? Hatte Gott ihr geholfen, als die Nonnen sie gezwungen hatten ihr eigenes Grab aus zuschaufeln? Hatte er verhindert, dass sie ihre eigene Kotze essen musste oder dass man sie mit Medikamenten vollstopfte? Hatte Gott verhindert, dass ihre Eltern gestorben waren? Warum hatte er ihr sie genommen? Hatte Gott verhindert, dass sie hier gelandet war? Wieso hatte er sie von ihren Brüdern getrennt, dieser ach so gütige Gott? Anna ballte die Hände zu Fausten, wieso ließ er zu, dass die Kinder von den Nonnen gedemütigt und drangsaliert wurden? Wenn das die immer so große Güte Gottes war, dann konnte sie gern auf ihn verzichten. Anna vernahm Schritte, jemand kam. Wollte man ihr frisches Wasser bringen, oder was zu essen? Würde man sie hier je wieder rauslassen? Vielleicht würde sie hier unten sterben? Dann hätte sie es endlich hinter sich. Anna vernahm das Klimpern eines Schlüsselbundes, gefolgt von einem hohlen Klicken. Die Tür öffnete sich und Schwester Ruth stand vor ihr.

„Du darfst rauskommen und nimm deinen Eimer mit.", sagte Schwester Ruth. Anna atmete erleichtert auf. „Ich hoffe das war dir eine Lehre, beim nächsten Mal, wirst du noch etwas länger hier unten bleiben hast du verstanden?"

Anna schluckte, dann sagte sie: „Ja Schwester Ruth."

Ihre Hände zitterten leicht. Schwester Ruth reichte ihr zwei Tabletten und ein Glas Wasser.

„Das wird dir gut tun.", sagte Schwester Ruth und lächelte. Es war ein böses, hinterhältiges Lächeln, welches Anna erschaudern ließ. Anna nahm die Tabletten entgegen. Steckte sie sich Beim Arzt, Anna saß zusammengekauert in der Ecke, die Beine angewinkelt. Die Arme um die Schienbeine geschlungen. Ihr Gesicht war ausdruckslos, ihr Blick schien völlig leer.

Sie wippte vor- und zurück, vor- und zurück. Wie lang saß sie bereits in der Kammer? Einen Tag oder zwei, eine Woche? Anna warf einen Blick auf die Wand, auf der sie die Striche gemacht hatte. Für jeden Tag einen. Zwei Striche standen an der Wand. Ihr kam es wesentlich länger vor. Sie hatte das Gefühl bereits seit einer Woche hier unten zu kauern. Vor und zurück, vor und zurück. Fliegen surrten um ihren Eimer herum. Der Geruch ihrer eigenen Fäkalien vermischt mit ihrem Körperschweiß lag in der Luft, aber Anna nahm den Geruch kaum noch wahr. Die Fliegen und Spinnen waren ihre einzigen Freunde hier drinnen. Anna beobachtete wie eine Fliege langsam ihren rechten Arm hoch krabbelte. Es kitzelte leicht auf der Haut, war aber nicht unangenehm.

„Na du.", sagte Anna, als könnte die Fliege sie verstehen. Anna hatte Durst, aber ihre Schale mit Wasser hatte sie bereits vor Stunden leer getrunken. Vor dem Morgengrauen würde sie kein neues Wasser bekommen. Wo war denn der Gott, von dem die Nonnen immer redeten?

Hatte Gott ihr geholfen, als die Nonnen sie gezwungen hatten ihr eigenes Grab aus zuschaufeln? Hatte er verhindert, dass sie ihre eigene Kotze essen musste oder dass man sie mit Medikamenten vollstopfte? Hatte Gott verhindert, dass ihre Eltern gestorben waren? Warum hatte er ihr sie genommen? Hatte Gott verhindert, dass sie hier gelandet war? Wieso hatte er sie von ihren Brüdern getrennt, dieser ach so gütige Gott? Anna ballte die Hände zu Fäusten, wieso ließ er zu, dass die Kinder von den Nonnen gedemütigt und drangsaliert wurden? Wenn das die immer so große Güte Gottes war, dann konnte sie gern auf ihn verzichten. Anna vernahm Schritte, jemand kam. Wollte man ihr frisches Wasser bringen, oder was zu essen? Würde man sie hier je wieder rauslassen? Vielleicht würde sie hier unten sterben? Dann hätte sie es endlich hinter sich. Anna vernahm das Klimpern eines Schlüsselbundes, gefolgt von einem hohlen Klicken. Die Tür öffnete sich und Schwester Ruth stand vor ihr. „Du darfst rauskommen und nimm deinen Eimer mit.", sagte Schwester Ruth. Anna atmete erleichtert auf. „Ich hoffe das war dir eine Lehre, beim nächsten Mal, wirst du noch etwas länger hier unten bleiben hast du verstanden?"

Anna schluckte, dann sagte sie: „Ja Schwester Ruth."

Ihre Hände zitterten leicht. Schwester Ruth reichte ihr zwei Tabletten und ein Glas Wasser.

„Das wird dir gut tun.", sagte Schwester Ruth und lächelte. Es war ein boses hinterhältiges Lächeln, welches Anna erschaudern ließ. Anna nahm die Tabletten entgegen, steckte sie sich in den Mund und spülte sie mit einem Glas Wasser hinunter. Nie wieder würde sie in dieser Kammer landen. Das schwor sich Anna, nie wieder würde sie in die Hose machen.

„Mund auf, ich will sehen ob du die Tabletten auch wirklich geschluckt hast.", sagte Schwester Ruth, während sie Anna mit funkelnden Augen ansah.

Anna öffnete den Mund.

„Gutes Kind.", sagte Schwester Ruth, dann packte sie Anna am Arm und zog sie hinter sich her. Anna stolperte vorwärts, sie hatte Mühe mit der Ordensschwester Schritt zu halten.

„Die Patientin Anna Müller ist da.“, sagte Schwester Ruth, als sie mit Anna im Schlepptau das Behandlungszimmer betrat.

„Danke Sie können draußen warten.“, sagte die Ärztin.

Schwester Ruth verließ das Behandlungszimmer.

„Zieh dich aus, hast du irgendwelche Beschwerden?“, fragte die Ärztin.

„Mein Haut juckt seit Sie mir dieses Medikament verordnet haben. Außerdem habe ich Probleme Nachts einzuschlafen. Ich bin fast nur noch müde und meine Hände zittern sehr häufig. Meine Nase ist so verstopft, dass ich durch die Nase kaum noch Luft bekomme und quasi nur noch durch den Mund atmen kann. "

Die Ärztin notierte Annas Angaben auf einen Zettel.

„Ich werde dir jetzt Blut abnehmen Anna, mach deinen Arm frei, es wird nicht weh tun. Nach der Blutuntersuchung wissen wir mehr. Du nimmst das Medikament vorerst weiter, hast du verstanden? Wenn ich dein Blut untersucht habe, werde ich entscheiden, wie ich in deinem Fall weiter verfahre.“

Anna schluckte, dann nickte sie. Anna schob den Ärmel ihrer Bluse hoch und hielt ihr den Arm hin. Ihre Haut war leicht gerötet, außerdem hatte sie etliche Mitesser und Eiterpickel an den Armen. Sie zitterte leicht, ihre Nackenhaare richteten sich auf. Anna mochte keine Spritzen. Die Ärztin desinfizierte Annas Arm und schlang ein dickes Band aus Gummi um Annas Oberarm, den sie festzog. Anna schlug das Herz bis zum Halse, sie schloss die Augen, sie konnte und wollte auf keinen Fall ihr eigenes Blut sehen. Anna stöhnte, als sie einen kleinen Stich in ihrer Vene spürte.

„Sehr schön und jetzt mach dich frei, ich will deine Lunge abhören." ,sagte die Ärztin.

Anna zog ihr Nachthemd aus. „Tief einatmen,", sagte die Ärztin.

Anna atmete ein.

„Und noch einmal.“

Anna atmete ein.

„Umdrehen!“

Anna tat, was die Ärztin verlangte.

„Tief einatmen!“

Anna tat wie ihr befohlen wurde.

„Mach deinen Mund auf!“

Anna öffnete den Mund, worauf die Ärztin ihr mit einem Holzstäbchen die Zunge nach unten. Drückte und ihr mit einer Taschenlampe in den Rachen leuchtete.

„Gut jetzt verfolge mit deinen Augen das Licht.“, sagte die Ärztin.

Die Ärztin leuchtete Anna mit einer kleinen Taschenlampe in die Augen. Das Licht der Lampe bewegte sich von links nach rechts und wieder nach links. Anna hatte keine Mühe, dem Licht zu folgen.

„Jetzt werde ich deinen Blutdruck messen und anschließend wirst du ein wenig Urin in diesen Becher machen verstanden?", fragte die Ärztin.

Anna nickte, als Dr. Bauer ihr das Blutdruckmessgerät um den Oberarm schlang. Sie drückte, und das Messgerät blähte sich auf. Anschließend die Ärztin die Luft wieder an und sagte: „Blutdruck 100/110 Systoisch/Diastolisch 60."

Sie überreichte Anna einen Plastikbecher. Anna verschwand hinter dem Sichtschutz. Es dauerte etwas, aber es gelang ihr, wenn auch mit Mühe ein paar Tropfen Urin in den Becher zu befördern. Anna zog die Unterhose wieder hoch und trat hinter dem Sichtschutz hervor.

Sie reichte der Ärztin den Becher, die ihn entgegennahm und sagte: „Sehr schön du kannst gehen."

Als Anna sich anzog, hörte sie die Ärztin murmeln: „Anna Müller Objekt 456 klagt nach der Einnahme von Pentabarbotal über eine verstopfte Nase, Schlaflosigkeit und trockene juckende Haut. Weitere Tests folgen."

Anna schluckte, sie verließ mit schnellen Schritten die Praxis. Was hatte das alles zu bedeuten Objekt, weitere Tests, was für

Tests? Warum sagte man ihr nichts? Was waren das für Tests? Wozu waren sie gut?

Kapitel 13

Nächtlicher Besuch

Anna lag wie die anderen Kinder in ihrem Bett und schlief. Sie hatten einen harten Tag hinter sich. Erst hatten sie die Schweineställe ausgemistet, dann hatten sie die Felder bewässert und Unkraut gejätet. Ihr Rücken schmerzte. Und die neuen Medikamente, die die Ärztin ihr verschrieben hatte, (es handelte sich um Psychopharmaka) trugen ihren Teil dazu bei. Sie war ständig müde, teilweise schon fast benommen. War das auf die neuen Medikamente zurückzuführen? Wahrscheinlich. Warum sie so viele Tabletten schlucken musste und was das Alles zu bedeuten hatte, erklärte ihr niemand. Nicht die Ärztin und auch nicht die Ordensschwestern. Bei den anderen Kindern war es ähnlich, manche von ihnen schluckten bis zu zehn Tabletten am Tag. Vor drei Tagen als sie unten in der Kammer gewesen war, war ein Kind gestorben, ein Junge er war acht Jahre alt gewesen. Es war heiß gewesen, die Nonnen hatten den Kindern keine ausreichende Flüssigkeit gegeben. Der Junge war bei der Feldarbeit einfach umgekippt. Die Nonnen hatten ihn geschlagen, erst als sie merkten, dass etwas nicht mit dem Jungen stimmen konnte, hatten sie die Ärztin gerufen, die nur noch seinen Tod festgestellt hatte. Jochen war sein Name gewesen. Er war acht Jahre alt und seit vier Jahren im Heim. Anna hatte sich manchmal heimlich mit Jochen unterhalten, wenn sie unbeobachtet gewesen waren. Hätten die Nonnen sie erwischt, wie sie mit einem Jungen redete, wären ihnen das schlecht bekommen. Jungen und Mädchen durften sich unter keinen Umständen miteinander unterhalten. Anna fror, ihre Finger schmerzten vor Kälte und sie wusste, dass sie spätestens in einer Stunde nicht mehr spüren würde. Sie spielte mit dem Gedanken ihre Hände unter der Bettdecke zu verstecken.

Beim nächsten Mal werden wir dich vielleicht tatsächlich lebendig begraben. , schossen Anna Schwester Ruth Worte in den Kopf.

Anna zitterte, sie hatte keinen Zweifel daran, dass die Nonnen ihre Drohung wahr machten. Die Worte der Nonne hielt sie davon ab, auch wenn Anna wusste, dass sie ihre Finger in einer halben Stunde nicht mehr spüren würde und ihre Hände am nächsten Morgen ganz weiß waren. Es war totenstill, nur das leise Atmen der anderen Kinder war zu hören. Die meisten Kinder redeten so gut wie gar nicht. Anna konnte das gut verstehen, sie selbst hatte hier auch gelernt, den Mund zu halten und stramm zu stehen, denn wer konnte schon sagen, was sich die Nonnen als Nächstes für Demütigungen und Gemeinheiten ausdachten. Die Tür des Schlafsaales wurde geöffnet und ein Lichtkegel glitt durch den Raum. Anna schloss die Augen und achtete darauf, dass nicht mal ein kleiner Zeh unter der Bettdecke hervorlugte. Die Hände über der Decke gefaltet, wartete sie darauf, dass der Lichtkegel verschwand. Anna stockte der Atem und sie spürte wie kalter Schweiß ihren Nacken hinablief. Das Herz in ihrer Brust hämmerte so stark, dass sie glaubte, es würde jede Sekunde aufhören zu schlagen. Jedes einzelne Bett wurde langsam vom Strahl der Taschenlampe erleuchtet. Anna vernahm Schritte, ihr schlug das Herz bis zum Hals. Alles in ihrem Innerem zog sich zusammen, Was hatten die Nonnen vor? Sie hielt den Atem an und die Augen fest verschlossen, als der Schein der Taschenlampe ihr Gesicht traf. Im Geiste sprach sie: „Bitte lass es nicht mich sein, bitte lass sie heute ein anderes Kind ...“ , fast schämte sie sich für den Wunsch, dass sie wünschte, dass heute ein anderes Kind an ihrer Stelle würde leiden müssen, aber mehr als diese Hoffnung blieb Anna nicht.

Dann Schritte, Schritte, welche sich langsam sich langsam durch den Schlafsaal bewegten. Anna stellte sich schlafend. Sie wagte es nicht mal, auch nur mit der Wimper zu zucken. Dann plötzlich Stille die Schritte waren verstummt. Wo waren die Nonnen, standen sie vor ihrem Bett? Ein Kloß saß in ihrer Kehle. Die Bettdecke schien ein Gewicht von 50 Kilo zu haben, welches auf ihrem Brustkorb lastete und ihr die Luft zum Atmen nahm. Ein Rinnsal Schweiß floss ihre rechte Wange hinab. Die Stille in dem Raum war gespenstisch. Nicht mal das Atmen oder schnarchen der anderen Kinder war zu hören. Jede Nacht hatten sie und die anderen stramm in ihrem Bett zu liegen, es war ihnen unter Strafe verboten sich zu drehen oder einen

Daumen in den Mund zu stecken. Dann wurde ihr von Schwester Ruth die Bettdecke entrissen, worauf zwei Nonnen sie an den Handgelenken packten und sie auf die Matratze drückten. Ihr ganzer Körper juckte und sie war ständig müde, aber daran hatte sich Anna bereits gewöhnt.
„Du kleines freches Gör, du hast unsittliche Gedanken gehabt ist es nicht so?"
Anna hatte keine Ahnung, wovon Schwester Ruth sprach.
„Der Teufel steckt in dir, tut mir leid, aber wir müssen ihn dir austreiben. Am besten, macht man das mit einem religiösen Symbol wie einen Kreuz."
Bei diesen Worten nahm Schwester Ruth

ein Küchenmesser hervor, welches sie langsam mit einem Feuerzeug erhitzte. Mit offenem Mund starrte Anna auf die tanzende Flamme des Feuerzeuges, mit welchen Schwester Ruth die Klinge des Messers erhitzte. Anna schwieg, während sie sich selbst im Bett liegen sah, die Ordensschwestern um sie herum, die sie mit einem diabolischen Lächeln anstarrten. Anna wollte schreien, etwas erwidern und um Gnade winseln, brachte aber keinen Ton hervor. Es war fast so, als hätte sie verlernt zu sprechen. Gebannt beobachtete Anna die tanzende Flamme.

„Das genügt, du hast doch gesagt, dass du ständig diesen Juckreiz hast, ist es nicht so?“, fragte Schwester Ruth.

„Schwester Ruth ich bitte Sie, so war das doch nicht gemeint.“ , antwortete Anna.

„Wir wollen dir nur helfen, soll ja niemand sagen, wir würden unsere staatliche Fürsorgepflicht nicht ernst nehmen. Und jetzt halt still!“

Anna schloss die Augen, sie wollte nicht hinsehen, sie spürte die warme Messerklinge bereits auf ihrer Haut, gefolgt von einem brennenden Schmerz, welcher sie nahezu erbarmungslos durch ihre Bauchdecke fraß. Anna schrie und dies, obwohl Schwester Susanne ihr den Mund mit der flachen Hand zuhielt. Anna bäumte sich unter dem Griff der Nonnen auf, der

Geruch von verbranntem Fleisch stieg ihr in die Nase und sie stellte sich unweigerlich die Frage ob, das Zeichen, welches sich in ihre Haut fraß, jemals wieder verschwand? Keiner der anderen Kinder sagte etwas, keiner regte sich, als Anna von den Nonnen wie ein Stück Vieh gebrandmarkt wurde.

„So jetzt denke ich, wird das mit dem Juckreiz besser sein, ist es nicht so?, fragte Schwester Ruth.

„Ja, danke," sagte Anna mit Tränen in den Augen. Dann ließen die Nonnen sie zurück, doch Anna konnte in dieser Nacht keinen Schlaf mehr finden.

Kapitel 14

Beichte und Buße

Es war Sonntag, da ruhte die Arbeit. Annas Unterleib schmerzte, als sie von den Nonnen geweckt wurde, erschrak sie. Da war Blut, auf ihrer Matratze. Wo war es hergekommen? Wie war das Blut dahin gekommen? Hatte sie sich im Schlaf verletzt? Woran hatte sie sich verletzt. Der Traum in der letzten Nacht war seltsam gewesen. Sie hatte geträumt, es wären Männer in den Schlafsaal gekommen und diese Männer hatten... Das alles war ihr gestern Abend so real vorgekommen, aber heute Morgen war sie sich nicht mehr sicher. Bestimmt hatte sie das alles nur geträumt, redete sie sich selbst ein. Tief in ihrem Innerem wusste sie jedoch, dass es sich dabei nicht um einen Traum handelte. Oder war sie vielleicht tot und war dieses Heim der Platz für ihre Bestrafung? Aber was hatten sie denn getan, dass man ihr und den anderen Kindern so etwas antat? Anna schluchzte, sie fühlte sich schmutzig und sie freute sich auf die morgendliche Dusche. Anna zitterte, heute mussten sie zur Beichte. Sie schluckte, am Sonntag, wenn die Kinder beichteten, waren die Strafen besonders schlimm. Ihre Knie wurden weich. Wie auf Stelzen betrat sie den Gebetsraum, in welchem sie jeden Tag auf diesen harten Holzbänken saßen, den Kopf zu Boden gerichtet und den Worten der Nonnen lauschten, die ihnen etwas von einem strengen und rachsüchtigen Gott erzählten, der Menschen die nicht artig waren, mit einer Sinnflut umbrachte oder sagte, man sollte Kinder steinigen, wenn sie nicht gehorsam sind. Anna hatte bei den Geschichten und Vorlesungen aus der Bibel immer schreckliche Angst. Sie hatte immer gedacht, dass Gott gut und verständnisvoll wäre, aber wenn sie an die Geschichten Aus der Bibel zurückdachte, dann war Gott gar nicht so lieb, sondern gemein und mordlustig. Oder erfanden die Nonnen die Geschichten nur, um ihnen Angst einzujagen? Die Kirche war sehr spärlich eingerichtet. Ein kleiner Altar, dahinter hing ein Kreuz von Jesus Christus an der Wand. Neben dem Kreuz links von ihm stand die Mutter Gottes mit Jesus als Baby auf dem Arm. Ein paar Kerzen brannten und tauchten die Bilder von Jesus Kreuzweg in ein schimmerndes Licht, welches tanzende Schatten an die Wände warf. Anna schluckte, es war totenstill, nur der Klang ihrer Schuhe war zu hören, als sie sich langsam dem Beichtstuhl näherte. Die harten unbequemen Holzbänke oder Bänke zum Knien waren dermaßen unbequem, dass sie alle froh waren, wenn der Gottesdienst vorbei war und sie zu ihrer Arbeit zurückkehren konnten. Auch wenn das Schläge, und Demütigungen bedeutete. Alles hatten die Nonnen ihnen genommen, ihre Würde, ihre Freiheit, ihr Recht auf frei Meinungsäußerungen, so wie ihr Hab und Gut. Alles in ihrem Innerem zog sich zusammen. Ihre Nackenhaare richteten sich auf. Anna fröstelte. Ein Kloß lag in ihrem Hals. Der Beichtstuhl kam ihr vor wie ein Gericht und sie war die Angeklagte, die wie ein Schwerverbrecher vorgeführt wurde.

Anna zitterte. Als sie den Beichtstuhl mit seinem roten Vorhang erreichte kniete sie nieder. Sie vernahm Schwester Ruth Stimme, die sagte: „Du hast mit einem Mann geschlafen stimmt das?"

„Nicht freiwillig, ich wurde ge… ge…"

Anna schluckte, eine Träne lief ihre Wange hinab. Sie blickte zu Boden, am Liebsten wäre sie in diesem Moment im Erdboden versunken. „Halt den Mund, außerdem hast du dich heimlich mit einem Jungen unterhalten. Und du hast an dir gespielt."

„Ich habe mich gekratzt, weil meine Haut juckt als wenn ganz viele Ameisen auf ihm herumlaufen. Ja, wir haben uns nur ein wenig unterhalten, bitte hören Sie auf damit, ich schwöre Ihnen, dass ich nichts unanständiges getan habe"

„Du bist ein dreckiges abtrünniges Kind, deine Seele ist so schwarz, wie die des Teufels, aber den werden wir dir hier schon austreiben."

Anna kam sich vor wie bei einem Verhör der Polizei, sie blickte zu Boden und rang um Fassung.

Anna schluckte.

„Das ist nicht wahr.", antwortete sie.

„Hör auf zu lügen, du weißt doch, noch was wir mit Kindern machen, die unartige Dinge tun."

 Anna riss die Augen auf. Das Bild ihrer ersten Nacht stieg wieder in ihr hoch. Schwester Ruth und Schwester Susanne hatten sie im Nachthemd nach draußen geführt, und sie gezwungen ihr eigenes Grab auszuheben.

„Beim nächsten Mal werden wir dich vielleicht tatsächlich lebendig begraben.", schossen Anna Schwester Ruth Worte in den Kopf.

Was sollte es, das wäre schon fast eine Erlösung, dann hätte sie es wenigstens hinter sich.

„Du kannst gehen, deine Strafe für das anfassen von dir selbst, wirst du noch früh genug erhalten.", sagte Schwester Ruth.

Anna schluckte, sie stand auf und ging hinaus. Ein Hustenreiz machte sich in ihrer Brust breit. Nach der Beichte erschien Schwester Ruth in Begleitung von Schwester Susanne und einer weiteren Ordensschwester im Schlafsaal. Die Kinder saßen oder lagen auf ihren Betten. Sie hatten Hunger, aber nach der Beichte mussten sie alle erst Buße tun, ehe sie etwas zu essen oder zu trinken bekamen.

„Anna komm hierher du dreckiges kleines Ungeheuer!", sagte Schwester Ruth und schlug mit der Peitsche so stark auf den Boden, dass alle Kinder unwillkürlich zusammen zuckten. Die blanke Furcht stand in ihren Augen. Anna zitterte am ganzen Körper. Ängstlich sah sie die Nonnen an und schüttelte langsam den Kopf. Eine Träne lief ihre Wange hinab.

„Schwester Susanne hol dieses ungezogene Drecksstück und schaffe sie hier her. Ihr anderen Kinder stellt euch rechts und links nebeneinander auf und seht zu, lasst euch das eine Lehre sein.", sagte Schwester Ruth.

Anna zitterte am ganzen Körper, als die Nonnen auf sie zutraten, ihr das Nachthemd entrissen und sie brutal zwischen den Reihen der anderen Kinder zu Boden schleuderten. Anna schrie auf, sie vernahm ein lautes Knacken, als ihr Arm brach.

„Ihr alle werdet jetzt Zeugen werden, was mit den Kindern passiert, die unzügliche Gedanken oder Handlungen vornehmen. Diese Kinder werden später wenn sie tot sind in die Hölle kommen zum Teufel, wo schreckliche Qualen erleiden werden. Der Teufel wird euch mit glühenden Nägeln ans Kreuz schlagen, so wie man einst unseren Herrn Jesus Christus gekreuzigt hat. So wird eure Seele ein langsames und qualvolles Ende finden. Ihr werdet jedoch nicht aufrecht am Kreuze hängen, sondern über Kopf. Das gesamte Blut wird von euren Füßen abwärts in euren Kopf fließen. Ihr werdet eure Beine nicht mehr spüren können, das ist noch schmerzhafter als das, was man unserem Herrn Jesus Christus angetan hat.", sagte Schwester Ruth.

Die Kinder sahen Schwester Ruth entsetzt an. Nackte Angst stand in ihren Augen.

Anna wich zurück, während Schwester Ruth langsam mit der Peitsche in der Hand auf sie zu kam. Ihre Augen glühten vor Zorn, sie schlug mit der Peitsche so hart auf den Boden, dass es klatschte, alle Kinder zuckten bei dem Geräusch zusammen. Anna wich noch ein Stück zurück. Schwester Ruth lachte schallend, als Anna die Wand erreichte. Anna zitterte, als die Nonne langsam auf sie zukam, mit einem Grinsen auf den Lippen, bei dem es Anna kalt den Rücken hinunterlief. Anna sah sich um, konnte sie entkommen? Gab es eine Fluchtmöglichkeit? Vor ihr standen die Ordensschwestern und die anderen Heimkinder. Rechts befanden sich die

Betten. Könnte sie über sie. Schwester Ruth war nur noch wenige Schritte von ihr entfernt. Die Nonne holte zum Hieb aus. Der Schlag traf Anna mitten ins Gesicht. Anna schrie auf und hob die Hände, aber es war zu spät. Ein blutroter Streifen lief über ihre linke Wange. Anna drehte sich um, sie musste aus der Gefahrenzone.

Sie könnte doch einfach... Anna dachte nicht weiter, sie drehte sich nach links und stieg über die Betten drüber her. Ein weiterer Hieb traf ihren Rücken und ließ sie aufschreien. Anna verlor für ein paar Sekunden das Gleichgewicht. Sie taumelte und ruderte wild mit dem Arm in der Luft herum, als die Peitsche ein weiteres Mal auf ihren Rücken niederfuhr. Aber Anna registrierte das kaum noch. Anna schrie und machte einen Satz nach vorne auf das andere Bett zu. Schwester Ruth versuchte sie zu packen, aber es gelang ihr nicht. Nie wieder, nie wieder würden diese Furien sie einschüchtern oder Macht über sie ausüben. Schwester Susanne versuchte Anna den Weg abzuschneiden, aber Anna war bereits über drei weitere Betten gesprungen, als die Nonne auf sie zustürmte. Ein Peitschenschlag erklang hinter Anna, aber das störte sie nicht. Nie wieder, nie wieder... war das Einzige, woran sie dachte, als sie über zwei weitere Betten hinweg sprang und sich dem Bett am

Fenster näherte. Schwester Ruth stieß einige Kinder zur Seite, sodass sie zu Boden gingen, und sagte: „Geht mir aus dem Weg.“
Die Kinder stoben auseinander und verließen den Schlafsaal, als die Nonne durch sie hindurch fegte wie ein aufgescheuchtes Reh. Anna umfasste den Fenstergriff, mit ihrer linken Hand und stieß das Fenster auf. Eine laue Brise fuhr in das Zimmer. Anna holte einmal tief Luft. Ihr blondes Haar wehte im Wind. Sie versuchte, auf das Fensterbrett zu springen, aber es gelang ihr nicht, da die Fenster etwas höher als ihre Betten waren. Sie rutschte ab und prallte mit ihren verletzten Arm

gegen das Kopfende des Bettes. Eine Welle der Schmerzen zog durch ihren Körper und trieb ihr Tränen die Augen. Ein Schluchzen entwich ihrer Kehle, als sie sich wieder aufrappelte und einen weiteren Versuch unternahm auf den Fenstersims zu klettern. Anna bis die Zähne zusammen. Ein weiterer Peitschenhieb traf ihren Rücken.

„Bleib vom Fenster weg und komm hier her sofort!", sagte Schwester Ruth, aber Anna war es leid zu gehorchen und sie hatte endgültig genug von den Demütigungen und Erniedrigungen der Nonnen.

Anna unternahm einen weiteren Versuch, den Fenstersims zu erklettern, als Schwester Susanne sie erreicht und Ihren linken

Knöchel umfasste. Anna verpasste ihr jedoch einen Tritt mitten ins Gesicht, sodass die Nonne aufheulte und sich ihre Nase hielt.

„Du verdammte Ausgeburt des Satans, deine Eltern schmoren in der Hölle und dort wirst auch du landen.", sagte Schwester Susanne. Anna erklomm das Fensterbrett, mit einer Hand hielt sie sich am Rahmen fest. Sie blickte sich noch einmal kurz um und grinste, als sie Schwester Susannes blutende Nase sah, dann sprang sie. Jetzt wäre sie endlich frei, dachte sie noch, bevor sie auf den Boden aufschlug.

Weitere Werke von Stefan Lamboury

Schatten – auf - den – Wegen – des – Lebens

Das Buch:

Sally ist schwer krank, ihr Mann steht ihr während dieser Zeit bei, doch bald wird er feststellen, dass es noch viel schlimmer um sie steht, als er gedacht hat. /Paul und Daniel gehen nachts auf den Friedhof, um eine Mutprobe zu absolvieren. Dabei erwecken sie etwas, was besser nie in unsere Welt hätte gelangen dürfen./Ein Mann verbringt ein paar vergnügliche Stunden mit einer Frau und hat für sie eine besondere Überraschung parat./ Hanna soll aus dem Gefängnis entlassen werden. Am Tag vor ihrer Entlassung fasst sie einen folgenschweren Entschluss. /Karin erhält von einem Unbekannten Briefe mit makaberen Inhalten, schon bald muss sie feststellen, dass es sich um mehr als einen bösen Scherz handelt./ Karin wird von einem Unbekannten entführt und muss um ihr Leben bangen. /Ein Mann wird von einem Geist heimgesucht, der ihm eine überraschende Botschaft überbringt. /vier Frauen werden von einigen Männern entführt die sich einen Spaß daraus machen sie wie Wild zu jagen. /Nach außen hinlebt Carl ein normales etwas spießbürgerliches Leben, doch niemand ahnt, was mit ihm geschieht, wenn es Nacht wird.

ISBN Hardcover: 978-3-384-17978-4
ISBN Taschenbuch: 978-3-384-17977-7
ISBN Ebook: 978-3-759-23300-4

Schattenwesen Kurzgeschichtensammlung

Das Buch:

Mehrere Frauen werden von einigen Männer entführt, um sich in einer Arena gegenseitig umzubringen. Diese Kämpfe werden Live ins Darkweb übertragen, doch eine der Frauen, ist stärker als die Männer gedacht haben.

Ein Team von Meeresbiologen nehmen eine wissenschaftliche Untersuchung des Atlantischen Ozeans vor unter anderem auch im Bereich des legendären Bermuda Dreiecks. Plötzlich entdecken die Forscher ein Schiff, welches vor über hundert Jahren im Bermuda Dreieck spurlos verschwand. Sie beschließen an Bord des Schiffes zu gehen, doch muss die Gruppe feststellen, dass manche Dinge besser unerforscht bleiben.

Ein Autor kehrt von einer Lesereise zurück und wundert sich, dass seine Frau die Kinder in der Woche bei Freunden schlafen lässt. Der Tisch ist gedeckt, Kerzenschein und eine Flasche steht auf dem Wohnzimmertisch. Doch als er in den Keller geht, um eine weitere Flasche Wein zu

holen, entdeckt er eine schreckliche Wahrheit.

Diese und weitere Kurzgeschichten erwarten die Leser.

ISBN Taschenbuch: 978-3-7448-8679-6
ISBN Ebook: 978-3-7-5922-647-1

Wesen ohne Seelen, Kurzgeschichten-sammlung

Das Buch:

Ash wird von einigen Männern entführt und zusammen mit anderen Frauen in einem Stall festgehalten, schnell wird ihr klar, dass sie dort als lebende Kühe gehalten und gemolken werden sollen, dann fasst Ash einen waghalsigen Plan. / Die Freunde Logan, Charlett, Ava und Maso machen einen gemeinsamen Jagdausflug, ohne zu ahnen, dass in den Wäldern etwas lauert, was man besser nicht wecken sollte./ Drei Freunde machen in den Sommerferien ein gemeinsames Camping im Wald ohne zu ahnen, dass der flötende Mann nicht nur eine schöne Schauergeschichte ist. / Casy Green zieht gemeinsam mit ihrer Tochter nach New York, um dort ein neues Leben zu beginnen. Schnell werden sie jede Nacht durch einen eskalierenden Nachbarschaftsstreit wachgehalten, als Casy sich einmischt geraten sie und ihre Tochter in tödliche Gefahr/ Annika lernt im Internet dem sympathisch erscheinenden Matteo kennen und lieben. Als sie zu ihm auf den Hof zieht, muss sie feststellen, dass sie in die Hände eines wahnsinnigen Psychopathen geraten ist. Gewalt und Terror bestimmen von jetzt an ihren Alltag, kann sie ihrem Peiniger entfliehen oder muss sie sterben?

Diese und weitere Kurzgeschichten erwarten die Leser.

ISBN Hardcover: 978-3-384-14600-7
ISBN Taschenbuch: 978-3-384-14599-4
ISBN Ebook: 978-3-7592-3297-7